»Für mich ist Madrid ein Mann und Barcelona eine Frau. Und es ist eine sehr eitle Frau.«

Carlos Ruiz Zafón (geb. 1964 in Barcelona), der mit seinen Barcelona-Romanen begeistert (S. 119).

*Der Fotograf **Frank Heuer** wird von der renommierten Bildagentur laif vertreten. Neben diesem Bildatlas fotografierte er bereits die Bände Rom, New York, Paris und Istanbul.*

*Der Journalist und Reisebuchautor **Lothar Schmidt** hat viele Jahre in Madrid gelebt. Heute startet er von Düsseldorf aus zu regelmäßigen Trips nach Barcelona.*

Liebe Leserinnen, liebe Leser!

Die immer noch im Entstehen begriffene Sagrada Família hat es schwer, sich als Wahrzeichen gegen die Torre Agbar durchzusetzen. Schließlich bietet der Hochhausturm des französischen Architekten Jean Nouvel allabendlich ein blau-rotes Lichtspektakel und damit einen nicht zu übersehenden Blickfang in Barcelonas Skyline. Viele weitere aufsehenerregende Bauten zeigen: Die katalanische Metropole ist in den letzten Jahrzehnten zu einer wahren Spielwiese für Architekten geworden -- und ein Ende des Baubooms ist nicht in Sicht.

Moderne und Modernisme
Die Bauten von Richard Meier, Herzog & De Meuron, Ricardo Bofill u.a. stehen in deutlichem Kontrast zu den Gebäuden des Modernisme, jener katalanischen Variante des Jugendstils. Und so sehr mich moderne Architektur fasziniert, meine wirkliche Begeisterung gehört dem Eixample, jenem jenseits der Altstadt entstandenen Viertel, in dem Gaudí und seine Kollegen um 1900 ihre Architekturvorstellungen verwirklichten. Ein Spaziergang auf dem Passeig de Gràcia, dem durch das Viertel verlaufenden Prachtboulevard, führt für mich an wahren Kunstwerken vorbei. Mehr über Moderne und Modernisme erfahren Sie in den beiden DuMont Themen auf S. 50 und S. 66.

Ganz viel Barcelona-Feeling
Sehenswerte Bauten und natürlich auch spektakuläre Museen – damit kann Barcelona im Überfluss aufwarten. Doch manchmal hat man einfach genug vom Rummel. Seine Lieblingsorte, kleine stille Oasen mit viel Barcelona-Feeling, stellt Ihnen Lothar Schmidt auf S. 20 f. vor. Folgen Sie unbedingt seiner Empfehlung auf den Turó de Rovira, den Stadtberg im Viertel El Carmel. Hier hat man nicht nur die beste Aussicht auf Barcelona sondern erlebt die Stadt auch aus einer anderen »bodenständigeren« Perspektive. Abends kann man sich wieder ins pralle Leben stürzen, dann ist ganz Barcelona auf den Beinen, flaniert und parliert auf den Rambles oder an der Meerespromenade oder zieht durch Tapaslokale und Sektbars, »ir de copas« nennen das die Barceloner. Genießen Sie die Nächte in Barcelona, aber nicht nur die!
Herzlich

Ihre

Birgit Borowski

Birgit Borowski
Programmleiterin DuMont Bildatlas

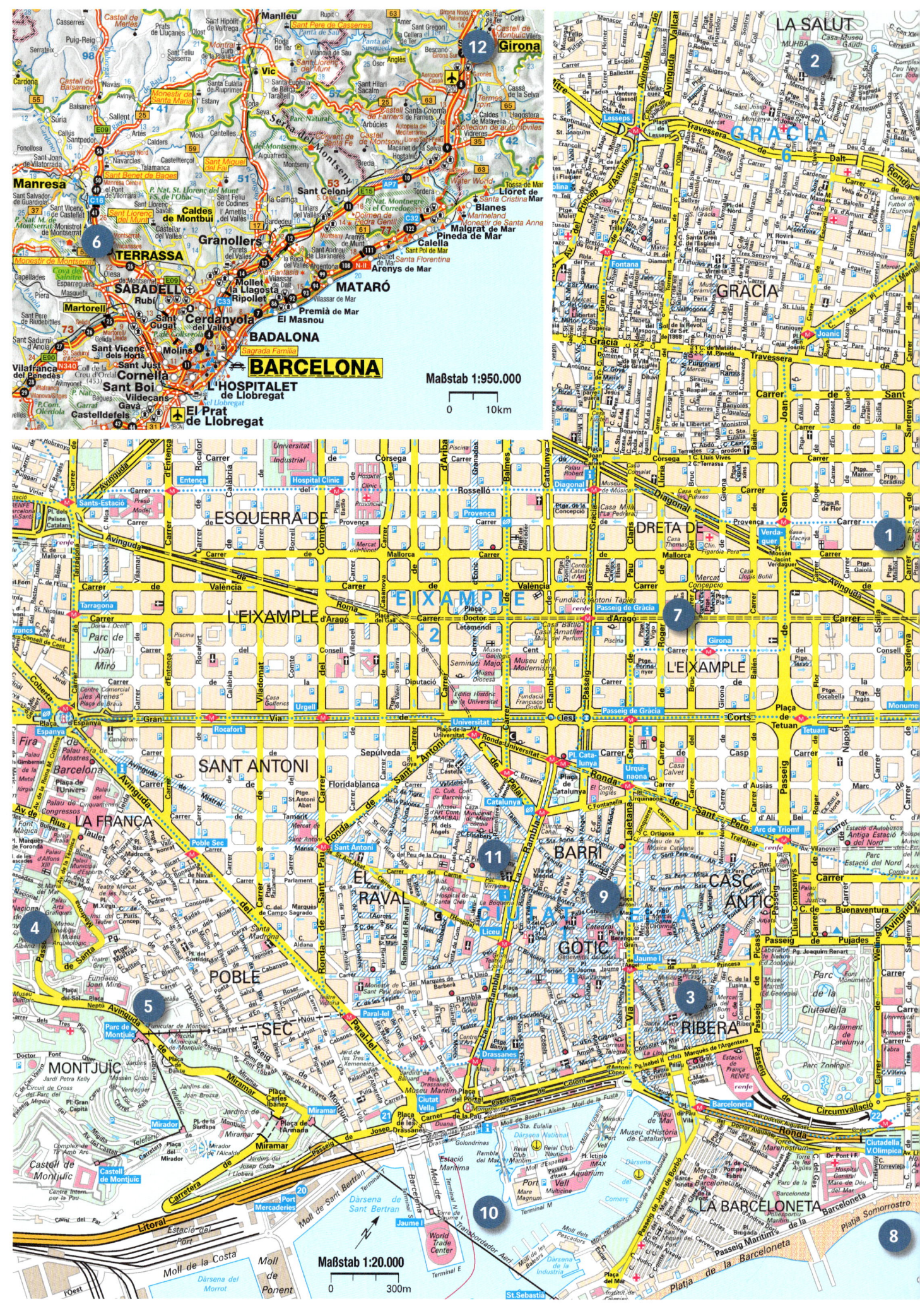

Topziele

Die bedeutendsten Sehenswürdigkeiten Barcelonas sowie Erlebnisse, die Sie keinesfalls versäumen dürfen, haben wir auf dieser Seite für Sie zusammengestellt. Auf den Infoseiten ist das jeweilige Highlight als TOPZIEL *gekennzeichnet.*

KULTUR

1 Sagrada Família: Gaudís unvollendetes Hauptwerk ist die schönste Baustelle Barcelonas. **Seite 55**

2 Parc Güell: Der verwunschene Park über der Stadt bezaubert mit Gaudís Fantasien. **Seite 57**

3 Museu Picasso: Das Museum mit Picassos Frühwerk und weiteren Arbeiten wurde in mehrere Altstadthäuser hineingepflanzt. **Seite 86**

4 MNAC: Romanik, Gotik, Modernisme – tausend Jahre Kunst unter einem Dach. **Seite 86**

5 Fundació Miró: Rund 10 000 Arbeiten von Joan Miró vereint die Stiftung am Montjuïc. **Seite 86**

6 Montserrat: Kataloniens Nationalheiligtum liegt in einer bizarren Bergwelt, gar nicht weit von Barcelona entfernt. **Seite 114**

GENIESSEN

8 Barcelonas Stadtstrände: Wo gibt's denn so was? Vier Kilometer lange Sandstrände ziehen sich von der Altstadt bis zum Fòrum-Gelände. **Seite 73**

ERLEBEN

9 Barri Gòtic: Um die gotische Kathedrale drängen sich mittelalterliche Gassen, Paläste und jede Menge Shops und Lokale. **Seite 35**

10 Port Vell: Im alten Hafen flaniert man auf der Rambla de Mar, genießt frische Meeresküche oder schaut quicklebendigen Meeresbewohnern im Aquàrium zu. **Seite 71**

11 Mercat de la Boqueria: Barcelonas große Markthalle ist ein Tempel der Aromen und Genüsse. **Seite 100**

12 Girona: Ausflug ins Mittelalter – die beschauliche Provinzhauptstadt begeistert mit ihrer malerischen Altstadt. **Seite 114**

SHOPPING

7 Passeig de Gràcia: Barcelonas edelste Einkaufsmeile säumen prachtvolle Modernismebauten. **Seite 55**

Märchenhafte Moderne

Ohne Antoni Gaudí wäre der katalanische
Jugendstil, der Modernisme, wohl kaum so
bekannt geworden. Wie die Sagrada Família und
andere Projekte des Meisters wurde auch der
Parc Güell nie fertig. Typisch für Gaudí sind die
mit Kachelbruch verzierten Dächer, Schornsteine
und Sitzbänke. Vom Park aus schaut man über
die Stadt zum Meer.

Im Zentrum

Wunderschön, mit heiterem Flair und pulsierendem Leben fast zu jeder Tageszeit: die Plaça Reial, der durch drei Passagen am Rande der Rambles zugängliche zentrale Platz in Barcelona. Rund um ihn gruppieren sich Cafés, Bars, Fischrestaurants *(Marisquerías)* und einige Nachtclubs.

Fenster zum Meer

Es heißt, Barcelona erfinde sich immer wieder neu – der Blick aus den Panoramafenstern des W-Hotels unterstreicht das anschaulich. Dem ehemaligen Fischerviertel La Barceloneta wurde schon vor fast drei Jahrzehnten zu den Olympischen Spielen ein schöner Sandstrand verpasst. Auch die beiden Hochhäuser am Olympiahafen sind Zeugen des damaligen Neubeginns. Mittlerweile hat sich die Küste bis in die nördlichen Stadtteile hinauf schick gemacht. Die farbig leuchtende Torre Agbar, von Jean Nouvel erbaut und längst ein Symbol des neuen Barcelona, erhebt sich über dem modernen Stadtviertel.

Kunst und Kontraste

Was wollen einem die Porträts von Paul Celan, Franz Kafka, Thomas Mann und Kollegen sagen? Wer das herausfinden will, muss sich ins MACBA begeben, ins Museum für zeitgenössische Kunst im Raval. Das Multikultiviertel hält für Besucher nicht nur ganz viel Kunst bereit, sondern auch die typischen Kontraste und kreativen Brüche im Stadtbild von Barcelona. Mehr als fünfzig Museen sind in der Mittelmeermetropole beheimatet – Häuser für alte und neue Kunst, für elitäre und populäre, für alte Mumien, Motorräder oder Männerträume.

Altstadt und Lebenslust

In die Altstadtviertel Santa Caterina und La Ribera kamen Fremde früher nur, wenn sie das Picasso-Museum besuchen wollten. Heute finden sich hier Feinkostläden, Cafés und romantische Tapaslokale wie die Weinbar La Vinya del Senyor. Gleich gegenüber erhebt sich die schönste gotische Kirche der Stadt. Santa Maria del Mar wurde zwischen 1329 und 1383 recht zügig erbaut, was wohl auch daran lag, dass selbstbewusste Handwerkergilden und freiwillige Steinträger sich hier „ihre" Kirche errichtet haben.

Wiederentdeckung der wilden Küste

....

Die „wilde Küste" – Costa Brava – hat nicht den
besten Ruf. Als Hochburg des Massentourismus
ist sie verschrien. Das hat seinen Grund. Und
doch finden sich zwischen den Urlaubszentren
Abschnitte voll landschaftlicher Schönheit. Dort,
wo raue Felsen malerische Buchten formen, wie
bei Sant Feliu de Guíxols, lohnt es sich, die Vor-
urteile noch einmal zu überprüfen. Dabei lernt
man dann auch die Landschaften eines Salvador
Dalí kennen, traumhafte Strände und prachtvolle
Gartenanlagen über dem Meer.

Hidden Highlights

Lieblingsorte und stille Oasen

Alle wollen sie sehen, die Sagrada Família, die Rambles oder das Picasso Museum. Entsprechend groß ist der Andrang. Darf es auch eine Nummer kleiner sein? Aber dafür mit mehr Raum für eigene Gedanken, weniger Rummel und viel echtem Barcelona-Feeling? Unsere Favoriten – versteckte Schönheiten, an denen man vielfach auch zur Ruhe kommt – bleiben bestimmt in guter Erinnerung.

1 Hospital Sant Pau

Diese Stadt in der Stadt ist nur 10 Gehminuten von der Sagrada Família entfernt und so wie sie ein einzigartiger Schatz des katalanischen Jugendstils. Das sieht die UNESCO genauso und hat dem zwischen den Jahren 1902 und 1911 errichteten Klinikkomplex den Status eines Weltkulturerbes zuerkannt. Die meisten der insgesamt 27 Pavillons und Gebäude sind inzwischen frisch restauriert.

C/ Sant Antoni Maria Claret 167, www.santpau barcelona.org

2 Turó de Rovira

Anwärter auf den Ort mit der besten Aussicht über Barcelona gibt es viele. Um die Luftangriffe der Franco-Truppen während des Spanischen Bürgerkriegs abzuwehren, wählten die Republikaner den Berg im Stadtteil El Carmel. Nicht nur die grandiose Aussicht entschädigt für die etwas mühsame Anfahrt, auch das Dorf „Los Canones" und der ganz andere, bodenständige Charme von El Carmel erweitern den Horizont (beziehungsweise den Blick auf die Stadt).

Carrer de Marià Labèrnia, s/n, Bus: 119, V17, http://barcelona.cat/museu historia

3 Palau Güell

Voller Enthusiasmus ziehen die Gaudí-Fans zu den Wohnhäusern La Pedrera und Battló und landen erst einmal in langen Warteschlangen. Der Palau Güell im Viertel El Raval ist eines der frühesten Werke Gaudís – und weniger überlaufen. Das aufwendige Interieur aus der Hand des Meisters oder von versierten Kunsthandwerkern atmet noch eine Spur von Mittelalter und Mysterium. Sogar auf einen Dachgarten mit geschwungenen Kaminen muss man nicht verzichten.

C/ Nou de la Rambla 3–5, http://palauguell.cat/

4 Plaça Sant Pere

So ruhig und romantisch wie die Plaça Sant Pere waren wahrscheinlich auch mal die anderen Altstadtplätze, bevor wir Touristen sie in Beschlag genommen haben. Das kleine Café, die angenehme Mischung aus heimischen und angereisten Flaneuren macht den Zauber dieses Ortes aus. Hoffentlich bleibt es so.

Im Stadtviertel Sant Pere, zwischen Carrer de Trafalgar und Carrer del Rec Comtal. Nächste Metrostationen: L1 Urquinaona, Arc de Triomf

5 Transbordador Aeri

Um einen ersten Überblick über die Stadt zu bekommen und ein Gefühl dafür, wo man hier eigentlich ist, dafür braucht man, so paradox es klingen mag, erst einmal Abstand. Von oben betrachtet fächert sich die Metropole auf, da sind der alte Hafen, die Altstadt, der Montjuic usw. im Blick. In der historischen Seilbahn von 1931 lernt man wieder das Staunen und nähert sich Barcelona mit einem Kribbeln im Bauch.

Taquígraf Garriga 97, www.telefericode barcelona.com

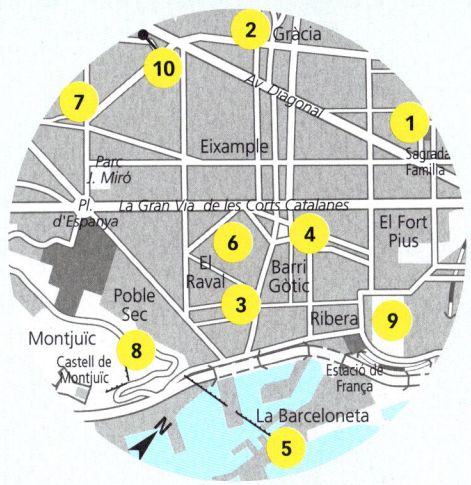

6 Sant Pau del Camp

Damit hätte man nun wirklich nicht gerechnet: Versteckt im Multikulti-Viertel Raval findet man einen romanischen Schatz – die Reste einer Klosteranlage aus dem 12. und 13. Jahrhundert. Als Sant Pau del Camp erbaut wurde, lag das Kloster vor den Toren der Stadt. Heute spürt man den Zauber der Zeit über dem alten Gemäuer, dem Kirchenschiff und dem herrlichen Kreuzgang.

C/ Sant Pau 101, Mo.–Fr. 10.00–13.30 und 16.00 bis 19.30, Sa. bis 19.00 Uhr

7 Kloster Pedralbes

Ruhe im Quadrat: Ordnung, Stille und Schönheit – das königliche Kloster Pedralbes ist nicht nur ein kunsthistorisches Highlight. Die gotische Anlage aus dem 14. Jahrhundert verfügt über einen wunderbaren doppelstöckigen Kreuzgang, einen der größten seiner Art. Während man um das grüne Karree spaziert, in diesem realen Traum aus Natur und Architektur, bleibt für das Chaos der Welt draußen kein Platz.

Reial Monestir de Santa Maria de Pedralbes, Baixada del monestir 9, http://monestirpedralbes. bcn.cat

8 Montjuïc

Vermutlich befand sich in der Antike auf dem Montjuïc ein Jupiter-Tempel. Ihm könnte er seinen Namen verdanken (Montjuïc: *Mons jovis*, der Berg des Jupiters). Heute lockt Barcelonas Hausberg mit allerlei Museen, den Olympiaanlagen und toller Aussicht. Gerne vergessen werden wundervolle Parkanlagen wie die Jardins de Laribal, die Jardines del Grec und der botanische Garten. Tatsächlich hätte der Jardí Botànic viel mehr Besucher verdient. Aber zum Nachdenken und um in die mediterrane Flora einzutauchen ist er genau richtig.

Jardí Botànic, C/ Dr. Font i Quer 2, https://museu ciencies.cat

9 Parc de la Ciutadella

Mit Schattenhaus und Ruderboot: In das üppige Grün des Parc de la Ciutadella taucht man ein wie in ein weiches Kissen. Das Vogelgezwitscher, das Plätschern der Ruderboote auf dem idyllischen Teich oder die romantisch vor sich hin bröckelnden Bauten der Weltausstellung von 1888 machen den Besuch zu einem rundum stimmigen Erlebnis. Und: In diesem Stadtpark zwischen Zoo und Born-Viertel findet jeder seinen ganz persönlichen Lieblingsplatz.

Metro: Arc de Triomf (L1, C1)

10 Montserrat

Am heiligen Berg: Dass das Nationalheiligtum der Katalanen unbedingt in diese Liste der Lieblingsorte und stillen Oasen gehört, spürt man schon bei der Anfahrt. Das faszinierende Bergmassiv mutet durch seine glattgewaschenen Felsen geheimnisvoll, ja magisch an. Nachdem man in der Klosterkirche die Heilige Jungfrau begrüßt hat, lohnt es sich zu wandern und die herrliche Aussicht zu erleben. Auch wer nicht auf Pilgerpfaden wandelt: Sollten die persönlichen Akkus im Alltag einmal leer werden – auf nach Montserrat!

Montserrat liegt ca. 40 km westl. von Barcelona, www.montserratvisita.com

Das Herz der Stadt

Barcelona, das ist zunächst einmal die Altstadt: das Gotische Viertel, der multikulturelle Raval, das stille Sant Pere und das Genießer-Dorado La Ribera. Düstere Gassen, malerische Winkel, stille Plätze, Zentren der Macht und immer wieder sehr viele Menschen aus sehr vielen Nationen. Alles, was Barcelona ausmacht, beginnt im Gassenlabyrinth der Altstadt: Kunst, Geschichte, mediterrane Lebenslust und ein sehr urban anmutender Zeitgeist.

Im heutigen Glanz kaum mehr vorstellbar: Noch in den 1970er-Jahren bestimmten üble Spelunken und Stundenhotels das Bild der Plaça Reial.

Auf dem höchsten Punkt des Barri Gòtic erhebt sich die Catedral de la Santa Creu i Santa Eulàlia.

Mittelalter pur im Umfeld der Kathedrale, so auch auf der idyllischen Plaça de Sant Felip Neri, Schauplatz (nicht nur) in Carlos Ruiz Zafóns Roman „Der Schatten des Windes".

Über den Carrer del Bisbe hinweg verbindet eine neugotische Brücke den Palau de la Generalitat mit der Casa dels Canonges, dem ehemaligen Domherrenhaus, in dem heute der katalanische Ministerpräsident residiert.

Außergewöhnliche Ausrichtung: Apsis und Altarraum der Kathedrale liegen im Südosten, die Hauptfassade wendet sich nach Südwesten. Durch feinste Holzschnitzkunst zeichnet sich das Chorgestühl aus.

El Call

Special

Wiedergefundene Synagoge

Nur wenige Spuren des mittelalterlichen jüdischen Lebens gab es in Barcelona. Dann machte man in einem Kellergewölbe eine Entdeckung.

„Bis 1987 wusste niemand davon." Die Studentin, die für die Asociacó Call de Barcelona arbeitet, erklärt den Besuchern in dem sieben mal zwölf Meter großen Gewölberaum, wo sie sich hier befinden: in der ehemaligen Synagoge des Call Major. Im 13. Jahrhundert gab es vier jüdische Viertel in Barcelona. Der Call Major, das größte unter ihnen, befand sich in unmittelbarer Nähe zur Kathedrale.

Damals lebten in Barcelona etwa 4000 Juden. Sie arbeiteten als Handwerker, Geldwechsler, Ärzte, Übersetzer oder waren Gelehrte wie zum Beispiel Shlomó ben Abraham ben Adret (1235–1310), der Rabbi der Sinagoga Major. In seinem Wohnhaus an der Placeta Manuel Ribé hat die Stadt ein Informationszentrum zum Call von Barcelona eingerichtet.

Vor 30 Jahren entdeckt: Sinagoga Major

Obwohl die Juden in Barcelona wie in anderen Teilen des Landes unter dem Schutz des Königs standen, misstraute man ihnen und behauptete, sie hätten 852 den Sarazenen die Tore der Stadt geöffnet oder 711 die Araber animiert, die spanische Halbinsel anzugreifen. Nach einem Pogrom im Jahr 1391 flohen viele Juden aus Barcelona. Nach Abschluss der Reconquista mussten alle Nichtchristen Spanien verlassen. Heute leben rund 5000 Juden in Barcelona.

Auf der Rückseite der Kathedrale zweigt zwischen alten Stadtpalästen eine enge Gasse ab. Ihr Name verspricht das Paradies, und doch fließt der Besucherstrom im Barri Gòtic am Carrer Paradis vorbei. Bei der Hausnummer 10 weist ein Schild mit der Aufschrift „Temple" in einen Hauseingang. Drinnen, im überdachten Innenhof, ragen vier hohe korinthische Säulen auf. Vor gut 2000 Jahren bauten die Römer an der Handelsroute nach Tarraco, dem heutigen Tarragona, ein kleines Oppidum – sozusagen das Standardmodell einer befestigten Siedlung. Die „Colonia Julia Augusta Paterna Barcino" war eine rechteckige Fläche, von einer Mauer umgeben und von zwei Hauptstraßen durchkreuzt. An deren Schnittpunkt wurde das Forum angelegt, etwas oberhalb davon ein Augustustempel. Von den ehemals sechs Säulen seines Hauptportals stehen noch vier. Es sind die in der verwinkelten Paradiesgasse.

Wenn man durchs Barri Gòtic spaziert, also das Altstadtviertel zwischen Rambla, Via Laietana, Hafen und Plaça Nova, wird man erst einmal von grellen Mode-, Schuh- und Schmuckläden gefordert. Das Gotische Viertel ist nicht das angenehmste Einkaufsrevier, obwohl sich noch einige traditionelle Geschäfte halten konnten, etwa das Fachgeschäft für

Weite Teile des Geflechts aus verwinkelten Gassen und malerischen
Plätzen im Barri Gòtic sind den Fußgängern vorbehalten.

Innere Werte: Die Casa de la Ciutat, das außen eher schlichte Rathaus
an der Plaça Sant Jaume, birgt einen sehenswerten Innenhof.

Überwältigend: Auch wenn die modernistische Pracht des Palau de la Música Catalana den Besucher fast erschlägt – entziehen kann sich der Wirkung niemand.

An hübschen Gelegenheiten, beim Stadtbummel eine kleine Pause einzulegen, herrscht auch im El-Born-Viertel kein Mangel.

Hüte, Sombrería Obach, im Carrer Call, oder La Manual Alpagatería im Carrer d'Avinyó 7, wo schon Salvador Dalí Leinenschuhe gekauft hat.

Mittelalterlich geschönt

Als im ausgehenden 19. Jahrhundert die bürgerlich-intellektuelle Elite in Katalonien von einer Renaixença („Wiedergeburt") träumte, wurde nicht nur der Name Barri Gòtic erfunden, auch Teile des Viertels erhielten ihr bis heute gültiges Aussehen. Die Renaixença wollte an die Unabhängigkeit, den Reichtum und das künstlerische Potenzial der Handelsmacht Barcelona im 12. bis 14. Jahrhundert anknüpfen. Während mitten durch die Altstadt eine praktische Gerade geschlagen wurde – die Via Laietana –, trimmte man das Viertel auf mittelalterlich-gotisch. Teile des römischen Mauerrings wurden zurechtgerückt, an der Plaça del Rei im Jahr 1931 verschob man sogar ein ganzes Haus, die Casa Padellàs. Dabei stieß man auf die Reste des römischen Barcino, die man nun unter dem Königsplatz besichtigen kann.

Der Gang durch das Museu d'Història de Barcelona führt von den 2000 Jahre alten Gassen in den ehemaligen Königspalast und den Saló del Tinell. In dem herrlichen Saal soll Christoph Kolumbus im Jahr 1493 den Katholischen Königen von seinen Entdeckungen berichtet haben. Ob es dieses Treffen nun gab oder nicht, der Stadt hat es nichts gebracht. Nur Sevilla und später Cádiz erhielten das Recht, das lukrative Geschäft mit den neuen Kolonien in Übersee abzuwickeln. Barcelonas Händler durften erst im 18. Jahrhundert mitmischen.

Stolzes Bürgertum

Im 12. Jahrhundert wurde Barcelona zur bedeutenden Handelsmacht, in Personalunion vom Königshaus Aragón regiert. Die Handelsschiffe, die in den Werften (Drassanes) gebaut wurden, mehrten den Reichtum der Stadt. Früher als in anderen Gegenden Europas und anders als im kastilischen Spanien entstand in Katalo-

Unterirdisch der wichtigste Metro-Knotenpunkt Barcelonas, über der Erde bildet die Plaça de Catalunya, Mitte des
19. Jahrhunderts angelegt und seither mehrfach umgestaltet, den nordwestlichen Abschluss der Rambla.

Hausfrauen, Händler, Hotelgäste, Losverkäufer,
Straßenmusikanten, Pantomimen, Bettler und
Taschendiebe – die Rambles zwischen der
Plaça de Catalunya und dem Mirador de Colom
sind eine 1,2 Kilometer lange Freiluftbühne.

Am entgegengesetzten, südöstlichen Ende mündet die Rambla in die Plaça del Portal de la Pau mit der Kolumbussäule. Deren Aussichtsplattform bietet nicht viel Platz, aber einen fabelhaften Blick wie hier die quirlige Rambla hinauf oder – in die andere Richtung – über den Alten Hafen.

nien ein selbstbewusstes Bürgertum, das seine Interessen im *Consell de Cent*, im „Rat der Hundert", vertrat. Die Grafen-Könige von Barcelona-Aragón konnten sich nicht auf göttliche Vorrechte berufen, ihre Führung war vertraglich geregelt. Der Schwur der Ratsmitglieder und Bürger klingt erstaunlich stolz: „Wir, die wir so viel wert sind wie Ihr, schwören Euch, der Ihr nicht besser seid als wir, von nun an Euch als unseren König ... zu achten, wenn Ihr all unsere Freiheiten und Gesetze wahrt – wenn aber nicht, dann nicht."

Im Ratssaal der Casa de la Ciutat an der Plaça Sant Jaume wird heute wie damals über die Stadtpolitik entschieden. Andere Zeichen bürgerlicher Macht sind

die Llotja – die Börse am alten Hafen – oder auch die Patrizierhäuser am Carrer Montcada. In der recht schmalen Straße ist im Sommer die Hölle los. Auch bei größter Hitze harren die Kulturreisenden geduldig aus, bis ihnen Zutritt ins Picasso-Museum gewährt wird. Seit seiner Eröffnung im Jahr 1963 zieht es die

Die Rambles waren immer so etwas wie die Bühne der Stadt.

Besuchermassen an, und doch hat sich die Atmosphäre im Ribera-Viertel erst in den letzten Jahren grundlegend gewandelt. Modeboutiquen, Tapas-Lokale, Cafés

und Bars: La Ribera ist derzeit wohl das beliebteste und vielleicht auch attraktivste Altstadtviertel.

Flaniermeile für alle?

Auf der entgegengesetzten Seite des Barri Gòtic, zwischen der Plaça de Catalunya und dem Hafen, verlaufen Barcelonas berühmteste 1,2 Kilometer. Ob die nun La Rambla oder Les Rambles heißen, ist selbst unter Einheimischen umstritten. Sicher ist, dass das Wort „Rambla" aus dem Arabischen kommt und ein trockenes Flussbett meint. Solch eine sandige Bahn, die bei Regen zum „Fluss" wurde und all das mit sich führte, was man gar nicht so genau wissen will, verlief außen an der Stadtmauer entlang. Als man aus

Rechts und links der Rambles: der Palau Güell von Antoni Gaudí und eine Tapasbar am Carrer dels Tallers (oben). Oder auf dem Mittelstreifen: das bunte, geschäftige Menschengetümmel (unten).

Madrid im Jahr 1854 endlich die Erlaubnis bekam, die Stadtmauern abzutragen, wurde aus den Rambles ein eleganter Boulevard. Davon zeugen Paläste wie der Palau de la Virreina oder das Opernhaus Gran Teatre del Liceu.

Die Rambles waren immer eine Flaniermeile für alle. Das ist leider nicht mehr so. Viele Barceloner trauen sich kaum noch hin: zu viele Touristen, zu viel Getümmel, zu viel schlechter Geschmack. Seit dem terroristischen Anschlag im Sommer 2017 mischen sich in die Vielfalt der Stimmungen auch Wut und Angst.

Ein Viertel – viele Kulturen

Während die Rambla von ihrem eigenen Mythos zerstört wird, entsteht nebenan im Barri Xinès buntes Multikultileben. Barcelonas „Chinesisches Viertel" war immer anrüchig und auch gefährlich, das Viertel der kleinen Leute, der Gauner und Prostituierten. Es war und ist das Gegenstück zum bourgeoisen Eixample und der Zona Alta. Doch heute stellt sich der Gegensatz auch in der Hautfarbe, Kleidung, Nationalität und Lebensart dar. Marokkanische Frisierstuben, indische Elektroshops und Halal-Metzgereien – kein Kaftan, Kopftuch oder Turban könnte hier für Befremden sorgen. Was nicht bedeutet, dass das Zusammenleben völlig konfliktfrei funktioniert.

Das Barri Xinès gehört zum Raval, und der hat wesentlich dazu beigetragen, dass Barcelona ab den 1980er-Jahren zu einem Vorbild für moderne Stadtplanung wurde. Damals fragte man sich, wie man das heruntergekommene Areal sozial aufwerten könnte. Als Antwort wurde dem Raval 1995 ein künstliches Herz eingepflanzt: ein strahlend weißer Bau von Richard Meier – das Museum für zeitgenössische Kunst MACBA. Hinzu kamen das Kulturzentrum CCCB und das Filmzentrum Filmoteca de Catalunya. In der Folge entstanden Szenelokale, Galerien und Boutiquen, vor allem aber entwickelte sich ein städtisches, alternatives Selbstbewusstsein. Der Raval ist bis heute ein Labor des urbanen Lebens.

Große Emotionen für alle

Rein ins Getümmel, auf den Sportplatz, das Straßenfest oder in die Open-Air-Disko: Hier geht es um Favoriten für alle, die es nicht lange im Hotelzimmer hält. Es erwarten Sie große Emotionen und stets genügend Gleichgesinnte, mit denen Sie diese teilen können.

③ Festa Major de Gràcia

Das Fest zu Ehren der Stadtpatronin La Mercè ist zwar das größte der Stadt, schöner aber ist es, wenn in Gràcia die Festa Major gefeiert wird. Gracià war bis ins 19. Jahrhundert eine eigenständige Gemeinde. Selbstbewusst und eigenständig, so sehen sich viele Bewohner des Stadtteils noch heute. Beim „Wettkampf der Balkone" wetteifern Nachbarschaftsvereine darum, wer seine Straße am schönsten und fantasievollsten schmückt. Fast eine Woche lang geht in Gracià gar nichts mehr, außer feiern, staunen, schauen und – jede Menge Spaß haben!

Festa Major de Gràcia, ab dem 15. August, www.festamajordegracia.cat

① Festes de la Mercè

Feuer, Funken, Anarchie: Achtung, der Drache kommt! Aus dem Mund des Ungetüms sprüht ein Funkenregen; um ihn herum tanzen Männer in Teufelskostümen. Mit drehenden Feuerrädern sausen sie immer wieder durch die Reihen der Zuschauer. Diese schreien, gehen in Deckung und können doch nicht genug von dem wilden Spektakel bekommen. Ein *Correfoc*, ein Feuerlauf, gehört zu einem katalanischen Stadtfest wie die *Castellers*, die menschlichen Türme. Wenn in Barcelona die Schutzpatronin La Mercè mit einem einwöchigen Stadtfest gefeiert wird, gehören die Feuer speienden Drachen zu den Höhepunkten.

Festes de la Mercè, September, www.barcelona.cat/lamerce

② Camp Nou

Spielern wie Lionel Messi und Antoine Griezmann bei ihrer Arbeit zuzuschauen, ist ein Vergnügen – selbst dann, wenn man mit Fußball eher wenig am Hut hat. Kommt dann noch die aufgeheizte Atmosphäre im ausverkauften Camp Nou, dem Stadion des FC Barcelona, dazu, stehen die Chancen gut auf ein unvergessliches Erlebnis, das einen vielleicht doch noch zum Fußballfan werden lässt. Leider gibt es einen Haken. Obwohl das größte Fußballstadion Europas mit 98 000 Plätzen schon sehr groß ist und bis zum Jahr 2021 sogar noch auf 105 000 Plätze erweitert werden soll, sind Tickets immer heiß begehrt. Am besten versucht man schon frühzeitig, online über das Ticketportal des Vereins an die Karten zu kommen.

Camp Nou, C/ Arístides Mallol 12, www.fcbarcelona.com

4 Gran Teatre del Liceu

Wahre Opernfans haben sich in der Regel schon lange vor der Anreise informiert, was im Gran Teatre del Liceu gegeben wird – und gegebenenfalls Karten reserviert. Barcelonas Opernhaus gehört zu den berühmtesten Spielstätten Europas. Hier hat Maria Callas gesungen, trat im Jahr 1970 erstmals Josep Carreras auf, stand Montserrat Caballé zusammen mit dem Queen-Sänger Freddy Mercury auf der Bühne. Aber nicht nur künstlerisch ist der Besuch ein Genuss. Auch das Am-biente des historischen Vestibüls, des Spiegel-salons und natürlich der große Opernsaal mit seinen goldglänzenden Balkonen sind beeindruckend. Erst recht, wenn das elegante Barceloner Publikum sich die Ehre gibt und einmal mehr beweist, wie stolz und reich diese Stadt ist. Zu all dem kommt ein viel-fältiges Programm, das auch mal einen Ausflug ins Musical wagt.

Gran Teatre del Liceu, La Rambla 51–59, www.liceubarcelona.cat

5 Sound City

In der Hauptstadt Kataloni-ens sind immer irgendwel-che Pop- und Rockstars zu Gast. Bis zu 30 000 Musik-fans lockt es in den warmen Monaten zu Open-Air-Festi-vals wie dem Primavera Sound Festival und dem Festival Cruilla auf dem Fòrum-Gelände. Das Sónar-Festival ist ein Pilger-ort für Freunde elektroni-scher Musik. Dass während der drei Tage auch viel mul-timediale Kunst zu sehen ist, gehört zum offenen und progressiven Verständnis der Szene. Kunst und Musik ergänzen sich zu einem Großevent mit bis zu 80 000 Besuchern.

www.primaverasound.es, www.cruillabarcelona.com, https://sonar.es

6 Grec Festival de Barcelona

An warmen Sommeraben-den möchte man sich nur ungern ins Theater oder Konzerthaus setzen. Weil es dann viel schöner ist, unter freiem Himmel zu sein, hat sich die Stadtver-waltung schon vor Jahren ein Kulturevent ausge-dacht, das jedes Jahr über 100 000 Besucher anlockt. Das Grec Festival de Barce-lona nutzt das Amphithea-ter am Fuß des Montjuïc. In diesem für die Weltausstel-lung von 1929 errichteten Nachbau von Epidauros fin-den Theateraufführungen, klassische Konzerte, Tanz-theater und andere Veran-staltungen statt. Was es zwischen Juni und August zu erleben gibt, erfährt man im Tourismusbüro oder unter:

www.barcelona.cat/grec

7 Festa de la Filloxera

Sant Sadurní d'Anoia (au-ßerhalb) ist die Hauptstadt des Cava-Schaumweins. Selbstverständlich wird der Weinbau auch gefeiert – sogar mehrmals. Beim Reb-lausfest im September, der Festa de la Filloxera, geht es wild und stürmisch zu – tanzende Feuerteufel und Menschentürme inklusive. Bei der Cavatast einen Mo-nat später steht der Genuss im Vordergrund: Die Cava-Kellereien stellen ihre pri-ckelnden Produkte vor. Da-bei kann man sich auch von der köstlichen Küche der Region überzeugen, die an Ständen angeboten wird.

www.festadelafiloxera.cat, www.santsadurni.cat/cavatast

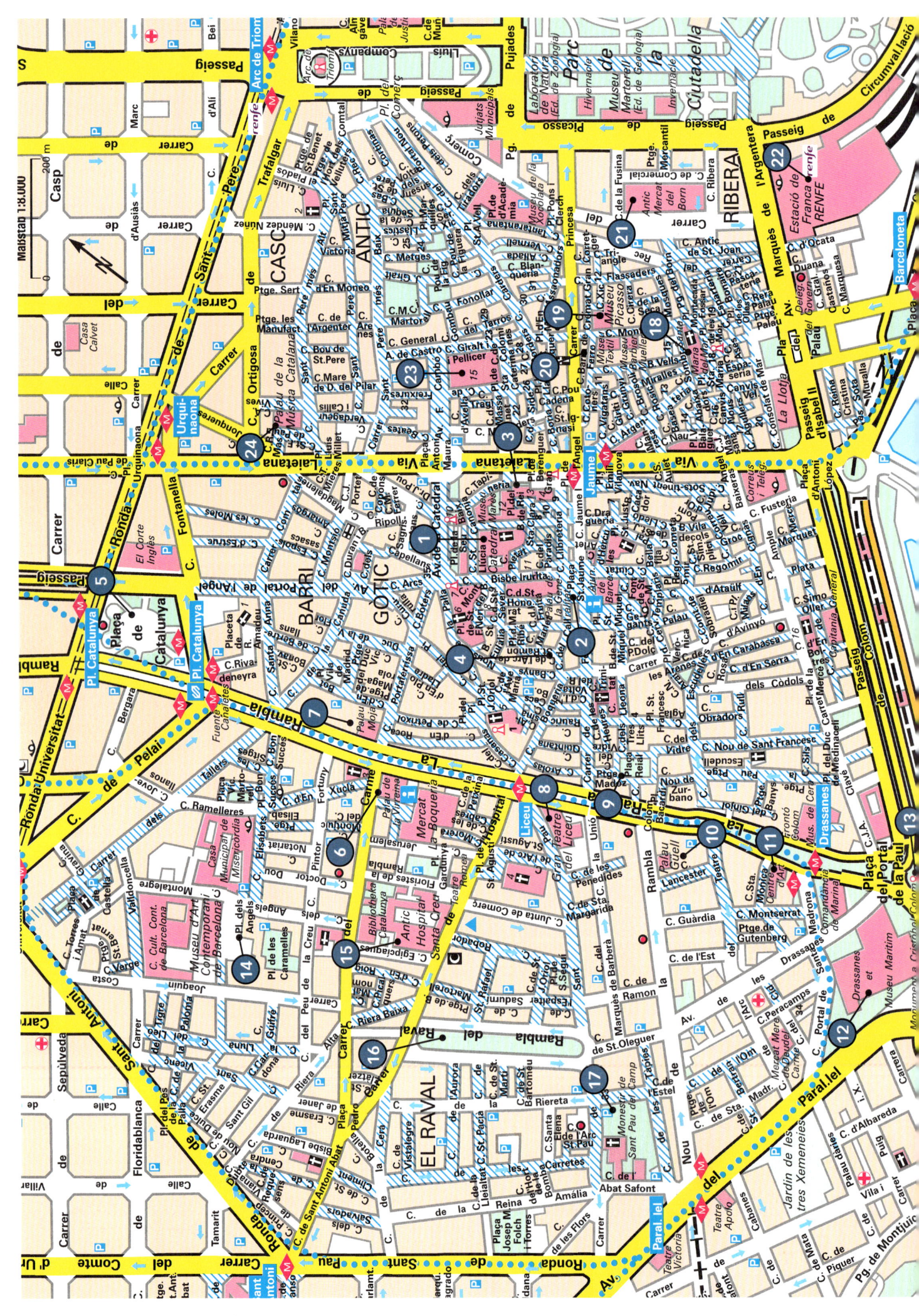

Zeitgeist und Geschichte

Der Barri Gòtic ist der älteste Teil der Stadt, die sich um die bescheidene Erhebung des Mont Tabor entwickelte. Zur Altstadt zählen auch die Viertel Raval, Sant Pere, Born und La Ribera sowie die berühmte Flaniermeile Rambla.

❶ – ❹ Barri Gòtic

TOPZIEL Das Gotische Viertel ist das Herz der Altstadt. Es erstreckt sich von der Kathedrale bis zum alten Hafen und von der Rambla bis zur Via Laietana. In diesem Bereich befand sich auch das römische Barcino, dessen Hauptplatz etwa an der Stelle der heutigen Plaça Sant Jaume lag. Seit dem Mittelalter, als sich Barcelona zu einer der führenden Handelsstädte des westlichen Mittelmeers entwickelte, liegt hier das Zentrum der politischen Macht. Wo einst die Grafen von Barcelona und Könige von Aragón residierten, werden heute die Geschicke der Stadt und der autonomen Region Katalonien gelenkt.

SEHENSWERT
Auf dem höchsten Punkt des Stadtkerns, dem Mont Tabor (12 m), wurde Ende des 13. Jh. mit dem Bau der ❶ **Catedral de Santa Eulàlia** begonnen (www.catedralbcn.org; Mo.–Fr. 12.30 bis 19.45, Sa. bis 17.30, So. 14.00–17.30 Uhr). An der Stelle eines romanischen Vorgängerbaus erhebt sich das imposante Gotteshaus, dessen Chor nicht nach Osten, sondern nach Südosten ausgerichtet ist. Bis auf die Hauptfassade und den Kuppelturm (19. Jh.) wurde die Kathedrale (La Seu) im 15. Jh. fertiggestellt.

Oben: Transbordador Aeri, die historische Seilbahn von 1931 am alten Hafen. Rechts oben: auf dem Dach der Kathedrale. Darunter: auf der Plaça Reial, im Herzen der Stadt.

> ### Tipp
> ## Eine für fast alles
> ....
> Ein praktischer Begleiter für alle, die viel unterwegs sind und Museen und andere Sehenswürdigkeiten besuchen wollen, ist die Barcelona Card. Damit fährt man umsonst mit dem öffentlichen Nahverkehr und kann sich die Warteschlange der Miró-Stiftung, des MNAC und anderer Museen sparen, weil man sein Ticket bereits hat. Über 20 Eintritte sind frei, für weitere 85 gelten Ermäßigungen. Da auch die Busfahrt vom Flughafen zur Stadt enthalten ist, lohnt es sich, die Karte schon vor der Reise online zu kaufen, wo sie noch etwas günstiger ist.
>
> **INFORMATION**
> 46–61 € pro Erw. für 3–5 Tage, Kinder 22–33 €. http://bcnshop. barcelonaturisme.com

Kurios ist die im sehenswerten Kreuzgang lebende Gänseschar, die im Mittelalter wohl den Domschatz bewachen sollte. Rund um die Kathedrale finden sich weitere historisch bedeutsame Gebäude. Die Hauptfassade wird flankiert vom **Museu Diocesà** (Diözesan-Museum; tgl. 10.00–20.00, Nov.–Feb. bis 18.00 Uhr), den Resten der römischen Stadtmauer, dem Bischofspalast, **Palau Episcopal,** und in Richtung ❷ **Plaça Sant Jaume** dem **Palau de la Generalitat de Catalunya,** dem Sitz der Landesregierung. Gegenüber, auf der anderen Seite des Platzes, wird aus der **Casa de la Ciutat,** dem Rathaus, die Stadt verwaltet. Dort findet sich auch der **Saló de Cent,** der Ratssaal aus dem 14. Jh. Ein weiteres herausragendes Beispiel der katalanischen Gotik ist der **Saló del Tinell,** der Thronsaal des Palau Reial an der ❸ **Plaça del Rei.** Das mittelalterliche Gebäudeensemble kann teilweise besichtigt werden (Museu d'Història de Barcelona, s. S. 81). Teile des ehemaligen königlichen Palastes nutzt das Museu Frederic Marès (s. S. 81). In den verwinkelten Gassen südwestlich der Kathedrale lag das jüdische Viertel **El Call** (MUHBA El Call, Informationszentrum des städtischen historischen Museums, Placeta de Manuel Ribé; Di.–Fr. 11.00 bis 14.00, Sa./So. bis 19.00 Uhr), wo erst vor wenigen Jahren die Reste der ❹ **Sinagoga**

Major, der ältesten Synagoge Spaniens, entdeckt wurden (C/ Marlet 5, www.sinagoga mayor.com; Sommer Mo.–Fr. 10.30–18.30, So. bis 15.30, Winter Mo.–Fr. 10.30–14.30 und 15.45–18.30, So. bis 15 Uhr).

UNTERKUNFT
Die Lage könnte kaum besser sein: Das € € / € € € **Hotel Colón** (Avinguda de la Catedral 7, Tel. 93 301 14 04, https://hotelcolonbarcelona.es; 129 Z.) liegt direkt gegenüber dem Hauptportal der Kathedrale. Zimmer mit Blick auf Barcelonas Hauptkirche kosten etwas mehr. Gäste können zwischen Zimmern im klassischen Stil oder mit modernem Design wählen. An der verwunschenen Plaça Sant Felipe Neri, nahe der Kathedrale, liegt das kleine, romantische Boutique-Hotel € € € € **Neri** (C/ Sant Sever 5, Tel. 93 304 06 55, www.hotel neri.com; 22 Z.), das über ein exzellentes Restaurant und eine Sonnenterrasse auf dem Dach verfügt. Noch exklusiver ist das kleine Luxushotel € € € € **Mercer** (C/ dels Lledó 7, Tel. 93 310 74 80, www.mercerbarcelona.com, 28 Z.). Diskret versteckt es sich in mittelalterlichen Mauern mit einen wundervollen Patio. Einen Patio mit recht großem Pool, Garten und Ter-

rasse hat das € € / € € € **Catalonia Portal del l'Àngel** (Portal de l'Àngel 17, Tel. 93 318 41 41, www.cataloniahotels.com; 74 Z.) zu bieten, in dem es sich trotz zentraler Lage in der Fußgängerzone, nahe der Plaça de Catalunya und der Kathedrale, gut entspannen lässt.

❺ – ⓭ Rambles

Barcelonas berühmte Flaniermeile trennt das Barri Gòtic vom Raval. Knapp 1,2 km lang, führt die Rambla von der ❺ **Plaça de Catalunya** bis zum Port Vell, dem alten Hafen.

SEHENSWERT

Straßenkünstler, Kioske, Blumenstände und einige Kaffeeterrassen finden sich auf dem belebten Boulevard, der von sehenswerten Stadtpalästen gesäumt wird, etwa dem ❻ **Palau de la Virreina** (Rambla 99) und ❼ **Palau Moja** (C/ Pontaferrissa 1), beide in der Nähe des Mercat de la Boqueria (s. S. 100). Auf dieser Höhe findet sich auch ein Bodenmosaik von

Oben: Flanieren auf Barcelonas berühmter Flaniermeile. Rechts oben: Palau de la Música Catalana in Sant Pere. Darunter: Einen grandiosen Blick über Santa Caterina bietet die Poolterasse des Grand Hotel Central.

Joan Miró. Das 1848 eingeweihte Opernhaus ❽ **Gran Teatre del Liceu** (La Rambla 51–59, www.liceubarcelona.cat; wer keine Karten mehr bekommen hat und zumindest die prachtvollen Räume sehen will, kann an einer geführten (50 min) oder an einer Express-Tour (25 min) teilnehmen. Noch ein Stück weiter Richtung Meer öffnet sich linker Hand die ❾ **Plaça Reial** mit Bars und Restaurants. Die Laternen des von Arkaden umgebenen Platzes stammen von Antoni Gaudí. Auf der anderen Seite der Rambla, im ebenfalls von Gaudí entworfenen, frisch renovierten ❿ **Palau Güell** (C/ Nou de la Rambla 3, www.palauguell.cat; Di.–So. April bis Okt. 10.00–20.00, sonst bis 17.30 Uhr), warten fantasievolle Innenräume und die berühmte Dachterrasse mit den Schornsteinskulpturen und Blick über das Dächermeer des Barri Xinès. Am letzten Abschnitt des Boulevards bis zur Kolumbussäule ⓭ **Mirador de Colom** (s. S. 72) lohnt für Kunstinteressierte ein Blick ins ⓫ **Centre d'Art Santa Mònica** (Rambla Santa Mònica 7, http://artssantamonica.gencat.cat; Di.–Sa. 11.00–21.00, So. 11.00 bis 19.00, Nov.–März Di.–Sa. 10.00–20.00, So. 10.00–19.00 Uhr). Etwa auf gleicher Höhe, östlich der Rambles, findet sich das Museu de Cera (Wachsfigurenkabinett; s. S. 85). die mittelalterlichen Werften, die ⓬ **Drassanes Reials**, beherbergen das Museu Marítim (s. S. 85).

⓮ – ⓱ El Raval

Das Altstadtviertel im Süden der Rambles ist nach wie vor im Umbruch. Im oberen Teil, zwischen Plaça de Catalunya und dem Carrer Sant Pau, finden sich Ateliers, Designerläden, Galerien und Szenelokale. Das Barri Xinès in Richtung Meer ist Barcelonas Multikultiviertel.

SEHENSWERT

Das kulturelle Herz des Viertels schlägt an der ⓮ **Plaça dels Àngels** mit dem Museum für zeitgenössische Kunst MACBA (s. S. 85). An der Plaça hatte bis 2014 auch der Foment de les Arts i del Disseny (FAD) seinen Sitz – heute residiert die für die Designszene wichtige Institution im neuen Designmuseum (s. S. 87) an der Plaça de les Glòries Catalanes. In unmittelbarer Nähe des MACBA wurde das Centre de Cultura Contemporània de Barcelona (s. S. 85) in ein

ehemaliges Kloster integriert. Alte und neue Architektur prägen auch die Biblioteca de Catalunya in den gotischen Hallen des ehemaligen ⓯ **Hospital de Santa Creu** (C/ Hospital 56, www.bnc.cat). Die älteste erhaltene Kirche der Stadt lag, als sie erbaut wurde, noch auf dem Land; ⓱ **Sant Pau del Camp** (10./14. Jh.; C/ Sant Pau 101–103) ist Barcelonas einziges romanisches Gotteshaus. Neben der Plaça dels Àngels ist die ⓰ **Rambla del Raval** Zentrum des Viertels, mit Szenelokalen und Restaurants. Über hundert bzw. knapp zweihundert Jahre alt sind die Bars **Marsella** (C/ Sant Pau 65) und **London** (C/ Nou de la Rambla 34; s. S. 100).

UNTERKUNFT

Mitten im Multikultigewimmel der Rambla del Raval ist ein Ufo gelandet. Das € € € **Barceló Raval** (Rambla del Raval 17–21, Tel. 93 320 14 90, www.barcelo.com, 182 Z) ist nicht nur architektonisch ein Hingucker: Dachterrasse, Pool und Design überzeugen. An den Rambles, in der ehemaligen Philippinischen Tabak-Company, bietet das € € € € **H 1898** (La Rambla 109, Tel. 93 552 95 52, www.hotel1898.es; 173 Z.), mit schönem Innenpool im Gewölbekeller, Spa und Dachterrasse viel Komfort. Ein ehemaliges Karmeliterkloster birgt das € **Peninsular** (Sant Pau 34, Tel. 93 302 31 38, www.hotelpeninsular.net; 59 Z.). Die Atmosphäre ist locker, die Zimmer sind sehr schlicht und gehen zum Innenhof.

⓲ – ㉔ Sant Pere, Santa Caterina i La Ribera

Als die Kirche Santa Maria del Mar errichtet wurde, stand sie nah am Meer – so erklärt sich auch der Name des Stadtteils. **La Ribera,** „das Ufer", ist das Viertel der Feinkostläden, hüb-

---

Tipp

Rot, Blau, Grün

Der **Bus Turístic** erschließt die Stadt auf drei farbig gekennzeichneten Routen (Rot, Blau und Grün). Auf dem offenen Oberdeck der Doppeldeckerbusse lässt man die Stadt an sich vorbeiziehen und bekommt per Kopfhörer Information. Ein- und aussteigen kann man, sooft man möchte, der nächste Bus kommt in 5 bis 25 Minuten. Außerdem erhalten die Fahrgäste dank Bonusheft Ermäßigungen in Museen und Fast-Food-Lokalen. Der einzige Haken: Um gezielt eine Sehenswürdigkeit anzusteuern, ist man zum Teil lange unterwegs. Und der Andrang ist oft so groß, dass die begehrten Deckplätze schnell belegt sind.

INFORMATION

Tickets sind im Bus erhältlich, 1 Tag 30 €/Erw., 16 €/Kind bis 12 Jahre, 25€/Senioren ab 65 Jahren, 2 Tage 40/21/35 €, online 10 % billiger; www.holabarcelona.com Ein vergleichbares Angebot gibt es bei https://barcelona.city-tour.com

schen Boutiquen und einiger bedeutender Museen wie Museu Picasso, Museu Europeu d'Art Modern oder Museu de la Xocolata (s. S. 86).

SEHENSWERT

Die gotische Basilika **18** **Santa Maria del Mar** (14. Jh.; Pl. Santa Maria 1; tgl. 10.00–18.00 Uhr) mit ihrem hohen, weiten Kirchenschiff ist einer der eindrucksvollsten Sakralbauten der Stadt. In den Gassen rund um die Kirche der Seefahrer finden sich alte Handwerker- und Patrizierhäuser. Heute ist La Ribera ein Viertel für Genießer; Feinkostlokale und Tapasbars harmonieren mit der Altstadtatmosphäre. Auch Nachtschwärmer lieben das Viertel und steuern den länglichen Platz Passeig del Born an. Unbedingt sehenswert sind das **19** **Museu Picasso** und das **20** **Museu Europeo d'Art Modern** (beide s. S. 86). Im **21** **Mercat del Born,** der Markthalle von 1876, gibt es statt frischer Lebensmittel Rudimente der Barceloner Vergangenheit zu sehen. Bei Umbauarbeiten stieß man auf Fundamente aus dem 18. Jh. Nach Ende des Spanischen Erbfolgekriegs hatte Felipe V. eine Zitadelle bauen lassen, um die Stadt besser kontrollieren zu können. Gut hundert Jahre später durften die Barceloner das Bauwerk wieder abreißen und stellten die erste eiserne Markthalle der Stadt an ihre Stelle. Neben den Ausgrabungsflächen gibt es im El Born CC auch einen Ausstellungsbereich und das empfehlenswerte Café-Restaurant „El 300 del Born" (http://elbornculturai memoria.barcelona.cat, Okt.–Feb. Di.–Sa. 10.00 bis 19.00, So. bis 20.00, März–Sept. Di.–So. 10.00–20.00 Uhr). Eine weitere sehenswerte Konstruktion aus Glas und Eisen ist der Bahnhof **22** **Estació de França** (1848). Im 18. Jh. entstanden die Viertel **Santa Caterina** und **Sant Pere,** die von einer angenehmen mediterranen Normalität geprägt sind. Die Markthalle des **23** **Mercat de Santa Caterina** (Av. Francesc Cambó 16, Mo. bis Sa. 7.30–14.00/15.30, Do. bis 20.30 Uhr) von Enric Miralles und Benedetta Tagliabue gilt dank ihrer Dachkonstruktion als architektonischer Glücksfall. Ein Höhepunkt des Modernisme ist der 1905–1908 errichtete, mit Formen und Symbolen überfrachtete **24** **Palau de la Música Catalana** (C/ Palau de la Música 4–6, www.palaumusica.cat; Besichtigung nur mit Führung: tgl. 10.00–15.30, Osterwoche und Juli bis 18.00, August 9.00–20.00 Uhr, alle 30 Min.). Der Saal gilt als das Hauptwerk des katalanischen Architekten Lluís Domènech i Montaner; die Cafeteria überrascht mit ihren guten Tapas.

UNTERKUNFT

Das geschmackvolle € € € **Banys Orientals** (C/ Argen teria 37, Tel. 93 268 84 60, www.hotel banysorientals.com; 43 Z.) hat viele Vorzüge. Die Zimmer des € € € € **Grand Hotel Central** (Via Laietana 30, Tel. 93 295 79 00, www.grand hotelcentral.com; 100 Z.) haben ein klares minimalistisches Design. Spektakulär ist der Blick von der Dachterrasse mit Pool. Ein romantisches Bed and Breakfast ist € € € **El Balcon del Born**, Rera Palau 2, Tel. 635 05 16 51, www. elbalcondelborn-barcelona.com.

Bewegte Geschichten

DuMont Aktiv

Während die anderen noch im Hotelbett liegen oder sich am Frühstücksbuffet tummeln, zeigt der Deutsche Arnd Krüger seiner Kundschaft die Stadt – im Laufschritt. „Sightjogging" heißt die sportliche Art, Barcelona kennenzulernen.

Die Stadt erwacht. Auf den Straßen ist schon etwas Betrieb, aber kein Vergleich zu dem, was in ein oder zwei Stunden los sein wird. Die Gehsteige sind frei, selbst die Rambles hat man für sich. Joggen im Zentrum von Barcelona, das geht nur in den Morgenstunden. Deshalb beginnen die Touren von Arnd Krüger auch zwischen sechs und zehn Uhr.

Krüger ist Marathonläufer, Sportwissenschaftler und Gründer von Sightjogging Barcelona. Seit gut zehn Jahren bietet er Urlaubern und Geschäftsreisenden geführte Joggingtouren durch die Stadt an. Sightjogging bedeutet, man läuft nicht nur, sondern bekommt auch die Stadt gezeigt und erfährt Geschichten über Plätze, Bauwerke usw. Auf der Route 1 geht es z. B. die Rambles hinunter, am Boqueria-Markt vorbei zur Kathedrale, zur Plaça Reial und in den Parc de la Ciutadella. Eine Stunde ist für die rund neun Kilometer angesetzt, aber natürlich richten sich die Sightjogger nach ihren Mitläufern oder stellen auch spezielle Routen zusammen.

Weitere Informationen

Auf acht Routen werden typische Barcelona-Themen und Highlights angelaufen.

Die Distanzen liegen zwischen 8,5 und 15 km, die Preise variieren je nach Anzahl der Teilnehmer zwischen 35 und 70 € pro Läufer und Stunde.

Bis 16.00 Uhr des Vortags ist eine Buchung per E-Mail möglich, danach nur noch per Telefon.

run@sightjogging-barcelona.com, Tel. (Mobil) 620 46 93 91, www.sightjogging-barcelona.com

Wachsen und Werden

Barcelona wächst und wandelt sich. Ganze Stadtteile veränderten ihr Gesicht, etwa vor den Olympischen Spielen 1992 und zu Beginn des neuen Jahrtausends im Poblenou. Den größten Wandel aber erlebte Barcelona im ausgehenden 19. Jahrhundert: In der schachbrettartig angelegten Planstadt Eixample sollte der Lebensraum für eine gerechtere Gesellschaft entstehen. Doch das Viertel wurde zur Spielwiese des Modernisme. Im katalanischen Jugendstil setzte sich das stolze Bürgertum damals sein eigenes Denkmal.

Zur Weltausstellung 1929 wurde die Plaça d'Espanya mit der Font Màgica angelegt. Vom Palau Nacional hat man den Überblick – bis zum Tibidabo.

Casa Batlló: Eigentlich kein Haus, sondern eine riesige Skulptur mit Motiven aus dem Mythos vom Drachentöter Sant Jordi. Das Dach erinnert an den Rücken eines Drachens.

Frei schwingende, organische Formen für Fenster, Türen und Decken …

Prachtvolle Modernisme-Bauten und exklusive Boutiquen bestimmen den Passeig de Gràcia, Barcelonas elegantesten Boulevard.

... machen die Casa Batlló zu einem von der UNESCO als Welterbe geschützten Gesamtkunstwerk.

Auf Barcelonas Hausberg, dem 532 Meter hohen Tibidabo, liegt einem Barcelona zu Füßen. Ob man auf der Esplanade vor der neugotischen Kirche Sagrat Cor steht oder über den Cami del Cel, den Himmelsweg, spaziert: Die Aussicht ist fantastisch. Das, was sich da bis zum Meer hin ausbreitet, ist zugleich Chaos und Struktur, es ist das Ergebnis von Jahrhunderten und doch ganz Gegenwart. Wäre die Stadt ein menschliches Wesen, würde man sagen, sie hat Charakter. Anspruchsvoll, eigensinnig und erfrischend unkonventionell ist sie.

Zwei Epochen prägten Barcelona wie sonst keine. Im Mittelalter entstand die Altstadt, das Barri Gòtic – in dieser Zeit gewann die damals noch kleine Hafenstadt auch ihre Bedeutung als politisches Zentrum. Die zweite prägende Phase setzt um das Jahr 1870 ein und reicht bis ins frühe 20. Jahrhundert: die Zeit der „Erweiterung" (katal. Eixample). Genau das sieht man vom Tibidabo aus: Die Altstadt, eine Insel wirrer Türmchen und Dächer, ist von einem geordneten Raster aus Straßen und Wohnblöcken umgeben, das einer Science-Fiction-Projektion vergangener Tage gleicht.

Wogender Stein

Auf dem Passeig de Gràcia, der nobelsten Einkaufsmeile der Stadt, geht es morgens noch gemächlich zu. Die Geschäfte mit den teuren Marken haben eben erst geöffnet. Die livrierten Herren, die den werten Kunden die Tür öffnen – und den ungebetenen Gästen nicht –, sind noch nicht auf Position, sondern im Plausch mit den Kollegen. Eifrige Touristen lassen sich von derlei Nebensächlichkeiten nicht ablenken. Ihr Programm ist dicht gedrängt, und wer die beliebtesten Sehenswürdigkeiten lieber ohne Besuchermassen besichtigt, sollte früh auf den Beinen sein. Das empfiehlt sich auch bei dem Gebäude mit der Hausnummer 92. Von außen erinnert es an einen weichen, durchlöcherten Felsen, vor dessen Höhlen getrocknete Algen und Korallen angespült wurden. La Pedrera – „der

Gaudís berühmtester Profanbau, die Casa Milà an der Kreuzung des Passeig de Gràcia mit dem Carrer de Provença, wird im Volksmund La Pedrera genannt, „der Steinbruch". Die Dachterrasse, der Dachboden und das Geschoss direkt darunter sind für Besucher zugänglich.

Der Eingangsbereich der Casa Milà
erinnert an eine Grotte.

Die Schornsteine und Lüftungsschächte der begehbaren Dachlandschaft
wirken wie skurrile versteinerte Soldaten.

Die Altstadt, eine Insel wirrer Türmchen und Dächer, gleicht einer Science-Fiction-Projektion vergangener Tage.

Steinbruch", wie die Barceloner das Wohnhaus getauft haben – macht den Eindruck, als handelte es sich um eine noch unbekannte Lebensform.

Die Arbeiten an der Casa Milà, wie das Gebäude eigentlich heißt, begannen 1906. Drei Jahre zuvor heiratete der Stadtplaner Pere Milà die reiche Witwe Roser Segimenot i Artells, zu deren Erbe das Grundstück an der Ecke Passeig de Gràcia/Carrer Provença gehörte. Man wollte dort ein Bauwerk errichten, das den Batllós und Amatllers unterhalb am Passeig die Schau stehlen würde. Als Architekten beauftragte man Antoni Gaudí, der sein Können soeben an der Casa Batlló unter Beweis gestellt hatte. Außerdem vereinte er drei Eigenschaften, auf die das neureiche Bürgertum Wert legte: Er arbeitete künstlerisch, war überzeugter Katalane und ein gläubiger Katholik.

Erste Tiefgarage der Welt

Gaudí hatte damals in Barcelona schon einige seiner wichtigsten Bauten geschaffen – neben der Casa Batlló das Ordenshaus Col·legi de les Teresianes und den Palau Güell. Für den Unternehmer Güell baute er gerade am Fuß des Tibidabo an einer Gartenstadt, dem Parc Güell, sowie an seinem Hauptwerk, der Sagrada Família. Bei der Casa Milà erwog Gaudí zunächst, im Innern eine Spi-

ralauffahrt für Autos einzubauen – Pere Milà gehörte zu den Ersten in der Stadt, die so ein modernes Gefährt besaßen. Dann entschied sich der Architekt anders und entwickelte die erste Tiefgarage der Welt. Heute befindet sich an ihrer Stelle das Auditorium des Kulturzentrums. 1911 zogen die ersten Mieter in ihre bis zu 650 Quadratmeter großen Luxusappartements ein, doch der achtstöckige Wohnblock wurde nie wirklich fertiggestellt, jedenfalls nicht im Sinne Gaudís. Auf dem Dach sollte nämlich eine riesige Marienfigur thronen.

Rund 1,2 Millionen Besucher wollen jedes Jahr La Pedrera sehen. Vor allem die Dachterrasse mit den geschwungenen Kaminen lockt die Besuchermassen. „In den Sechzigerjahren", erzählt eine Bewohnerin des Hauses, „war die Casa Milà berühmt für ihre Hässlichkeit." Auf der rauen Natursteinfassade hatte sich der Dreck eines halben Jahrhunderts abgesetzt. Noch in den 1980er-Jahren befand sich der Bau – immerhin eines der Hauptwerke des Modernisme – in einem beklagenswerten Zustand. Der Kunstkritiker Robert Hughes berichtet: „Auf den Fresken im Parterre war nichts mehr zu erkennen, aus dem Zwischengeschoss hatte man eine Bingohalle gemacht, Neonreklamen entstellten die Fassade." Als aus dem fernen Japan ein Kaufangebot

Pau und Llibertat, „Friede" und „Freiheit", heißen die beiden Riesenfiguren
(gegants) im Festumzug der Festa Major de Gràcia.

Seit bald 200 Jahren wird im August im Stadtteil Gràcia gefeiert. Neben dem großen Festumzug (Cercavila), dem lärmenden, dämonischen
Feuerlauf (Correfoc) und dem traditionellen katalanischen Tanz Sardana stehen zahlreiche kostenlose Livekonzerte auf dem Programm.

Wer hat den fantasievollsten Straßenschmuck? Die Anwohner arbeiten monatelang an der Dekoration – jedes Jahr zu einem anderen Motto.

Die typisch katalanischen Menschentürme (Castellers) gehören auch zur Festa Major.

Parc d'Atraccions

Special

Dem Himmel so nah

....

Der Tibidabo ist der höchste Berg der Serra Collserola. Nirgendwo hat man einen besseren Blick über Barcelona. Auf dem Hausberg steht Spaniens ältester Vergnügungspark. Der Parc d'Atraccions ist ein Kindheitstraum seit 1901.

Hoch über der Stadt dreht sich ein abenteuerliches Gefährt. Es sieht aus wie ein riesiger Propeller, an dessen Enden jeweils eine einfache offene Kabine hängt. Die Talaia ist die zweitälteste Attraktion des Vergnügungsparks Tibidabo. Obwohl sie rund hundert Jahre alt ist, kann sie es mit der Achterbahn und den anderen modernen Fahrgeschäften des Parc d'Atraccions locker aufnehmen.

Die Kinder Barcelonas bedrängen ihre Eltern oder Großeltern seit Generationen, mit ihnen hinaufzufahren in den Vergnügungspark. Auf den nostalgischen Charme der Anlage wird man schon bei der Anfahrt eingestimmt. Von der Endstation der

Wie im Himmel: Fahrgeschäft mit Aussicht

Metro-Linie 7 steigt man erst in die hundertjährige Straßenbahn Tramvia Blau und dann in die Standseilbahn Funicular del Tibidabo, die wie der Park 1901 eingeweiht wurde.

Auch aus der Torre de Collserola lässt sich die Welt mit etwas Abstand betrachten. Der 288 Meter hohe Turm wurde von Sir Norman Foster im Zuge der Olympischen Spiele erbaut. Die – voll verglaste – Aussichtsebene liegt auf 135 Meter Höhe.

vorlag, wurde interveniert. Die Bank Caixa Catalunya erwarb das Gebäude, ließ es von Grund auf restaurieren und zu einem Kulturzentrum umbauen.

Ein utopischer Plan

Modernisme ist mehr als eine Kunstströmung – der sichtbarste Ausdruck einer gesellschaftlichen Entwicklung. Im ausgehenden 18. sowie im 19. Jahrhundert ratterten in und um Barcelona die Webstühle. Die Stadt am Mittelmeer ist die einzige des Landes, in der es eine Industrialisierung gab. Barcelona wurde zum wichtigsten Wirtschaftsraum des Landes. Die Bevölkerung wuchs rasant, die Stadt platzte aus allen Nähten. Aus 189 000 Einwohnern im Jahr 1855 war um 1900 bereits eine halbe Million geworden. Viel zu lange war die Altstadt von den *muralles* umschlossen, einer Mauer, mit der die Bourbonen die Stadt in Schach hielten. Nach langen Verhandlungen zwischen Barcelona und Madrid durfte sie 1854 abgetragen werden. Auch der Plan für die Stadterweiterung wurde genehmigt. Der katalanische Stadtplaner Ildefons Cerdà (1815–1876) entwickelte ein regelmäßiges Straßengitter mit 113,33 auf 113,33 Meter großen Quadraten, die nach den Idealen eines utopischen Sozialismus bebaut werden sollten: mit gleich hohen Häusern und jeweils hundert

„Farbe in der Architektur muss intensiv und logisch sein", soll Antoni Gaudí gesagt haben. Obwohl er im Parc Güell, zwischen Eixample und Tibidabo, nur einen Bruchteil des Geplanten verwirklichen konnte, erschließt sich dem Besucher auf Anhieb, wie er das mit der Farbe gemeint hat.

Zwischen Kolonnaden und Viadukten wuchert üppiges Grün. Natürlich Gewachsenes und künstlich Angelegtes gehen im Parc Güell eine harmonische Verbindung ein.

„Trencadís" nennen die Katalanen die hier einen farbenprächtigen Salamander formenden Mosaike aus Keramikscherben.
Mit sechs weiteren Gaudí-Bauten in bzw. nahe bei Barcelona gehört der Parc Güell zum Welterbe der UNESCO.

> „Meine Ideen sind von einer zwingenden Logik; das Einzige, was mich zweifeln lässt, ist, dass sie nicht schon früher umgesetzt wurden."
>
> Antoni Gaudí

Bäumen. Jede Straße sollte gleich sein, es sollte keine besseren und schlechteren Wohngegenden mehr geben. Natürlich kam es anders ...

Die Weltausstellung von 1888

Nicht nur im Eixample wurde fieberhaft gebaut. Auf dem Areal, wo die verhasste Zitadelle der spanischen Zentralmacht stand, im Ribera-Viertel, wollte sich das wohlhabende Bürgertum der Welt präsentieren. Nach den Vorbildern von Paris und London feierte Barcelona 1888 eine Weltausstellung, deren Reste man im Parc de la Ciutadella noch heute bestaunen kann. Das Castell dels Tres Dragons („Burg der drei Drachen"), das Café

der Weltausstellung, wurde von Lluís Domènech i Montaner im schönsten Modernisme gestaltet, ebenso wie der Triumphbogen, Arc de Triomf, durch den man das Areal betrat. Die Weltausstellung stärkte das Selbstwertgefühl der Katalanen und gab ihnen das Vertrauen, dass sie auch große Projekte stemmen können. An dieser Einschätzung hat sich bis heute nichts geändert.

Befeuert wurden die Weltausstellung und der Bau des Eixample durch ein wiedererwachtes katalanisches Nationalgefühl, die *Renaixença*. Ursprünglich eine literarische Strömung, konnte sie die unterschiedlichsten Ausprägungen annehmen: über eine dumpfe Mystik von

In der Stierkampfarena an der Plaça d'Espanya fand seit bald vierzig Jahren keine *correguda de bous* mehr statt. 2011 wurde die jahrelang leer stehende Arena als Einkaufszentrum wiedereröffnet. Im selben Jahr ging in Barcelonas zweiter Arena La Monumental der letzte Stierkampf über die Bühne.

Plaça d'Espanya: Anleihen beim Petersplatz in Rom oder beim Campanile di San Marco in Venedig galten als schick zur Zeit der Weltausstellung 1929. Die vier ionischen Säulen im Hintergrund dagegen mussten als Symbole des Katalanismus weichen und wurden erst 2011 als Replikate wieder aufgestellt.

Bereits zur Weltausstellung von 1888 wurde der Arc de Triomf auf dem Passeig de Lluís Companys errichtet. Der Triumphbogen im Mudejar-Stil bildete das Hauptportal der Exposició Universal auf dem Gelände des heutigen Parc de la Ciutadella.

Aus einer grauen Stadt wurde das schöne, offene, dem Meer zugewandte Barcelona.

Scholle, Herd und Heim bis zu liberalen oder sozialistischen Utopien. Allen gemeinsam war die Überzeugung, dass Katalonien eigentlich viel größer und wichtiger ist, als es auf der Landkarte erscheint. Was für ein Glück, dass einige begabte junge Architekten gerade auf der Suche nach einer spezifisch spanisch-mediterranen Bauweise waren. Diese fanden sie unter anderem in der Gotik, im arabisch beeinflussten Mudejarstil und in der für Andalusien typischen Verwendung bunter Kacheln. Das Ergebnis ist der Modernisme, der sich parallel zur Bebauung des Eixample entwickelte.

Die Erfindung der Stadt

Es sind aber nicht nur die Gotik und der Modernisme, die Barcelona architektonisch so spannend machen. Nach Francos Tod 1975 eröffneten sich neue Spielräume. Das Barcelona der letzten vierzig Jahre lässt sich als eine Folge von Versuchen beschreiben, sich neu zu erfinden. Ausgangspunkt war ein fortschrittlicher Flächennutzungsplan mit dem Ziel, die heruntergekommenen Viertel zu sanieren. So wurden ab den 1980er-Jahren Sportplätze, Schulen, Bibliotheken und öffentliche Plätze gebaut. Ja, man wagte es sogar, herausragende Museen wie das

MACBA oder das Picasso-Museum in problematische Altstadtviertel zu setzen.

Die „Neuerfindung" Barcelonas nach der Diktatur wurde nicht nur von den wiedergewonnenen politischen Freiheiten beflügelt. Für die Olympischen Sommerspiele 1992 unterzog man sich unter dem Slogan *posa't guapa*, „mach dich hübsch", einer Komplettbehandlung – mit umwerfendem Erfolg. Aus einer grauen Stadt mit bedenklicher Kleinkriminalität wurde das schöne, offene, dem Meer zugewandte Barcelona.

In der bewährten Manier, im Schlepptau eines Großereignisses Teile der Stadt umzukrempeln, wurde das Viertel @22 aus dem Boden gestampft. Das Großevent dazu, das „Forum der Kulturen" im Jahr 2004, hat sich weit weniger in die Geschichte der Stadt eingeschrieben als der Agbar-Turm von Jean Nouvel, das architektonische Ausrufezeichen dieses Viertels. Vielleicht liegt das ja auch daran, dass der raketenförmige Baukörper abends in Rot und Blau, also in den Vereinsfarben des FC Barcelona, erstrahlt. Zudem erinnert seine markante Form an die Türme der Sagrada Família. Diese wurden von Antoni Gaudí in Anlehnung an das Heiligtum der Katalanen entworfen: die Berge von Montserrat.

SAGRADA FAMÍLIA

Die ewige Baustelle

Sie ist das unbestrittene Wahrzeichen Barcelonas, die Besucher lieben
sie, und doch ist sie ein Streitfall. Die Sagrada Família schwebt zwischen
Kitsch und Kunst. Dabei soll sie nur endlich eine Kirche werden.

Oben: Die nach Osten gewandte Geburtsfassade wurde
als einzige noch zu Lebzeiten Gaudís fertig, dargestellt ist die
Heilige Familie. Rechte Seite: eine große Unvollendete ...

Da steht sie und wächst. Nach rund 135 Jahren ist sie immer noch nicht fertig. „Mein Kunde hat keine Eile", scherzte Antoni Gaudí gern über sein unvollendetes Projekt, dem er sich ab 1915 bis zu seinem Tod im Jahr 1926 ausschließlich widmete. Die Sagrada Família ist ein ewiges Event, die wahrscheinlich bestbesuchte Baustelle der Welt. Knapp 4,6 Millionen Menschen wollen sie jährlich sehen. Mit den Eintrittsgeldern und den Spenden aus konservativ-klerikalen Kreisen, von Katalanisten, einfachen Bürgern und erstaunlicherweise auch vielen Japanern wachsen immer mehr der eigentümlichen Türme des Gotteshauses in die Höhe. Insgesamt sollen es achtzehn werden: zwölf für die Apostel, vier für die Evangelisten, einer für die Mutter Gottes und der höchste für Jesus Christus. Der wird sich 172 Meter hoch über der Vierung erheben.

Überbordende Formsprache

„Der Sühnetempel zur Heiligen Familie", so der vollständige Name, „wird von der Bevölkerung erbaut, in ihm findet sie sich wieder. Es ist ein Werk, das in der Hand Gottes liegt und im Willen der Bevölkerung", meinte Gaudí. Der Gedanke der Sühne spielt, das darf man wohl so sagen, heute für die Sagrada Família wie für den gesellschaftlichen Alltag in Barcelona keine Rolle mehr. Auch was den „Willen der Bevölkerung" betrifft, gab und gibt es nicht nur Zustimmung.

In den Sechziger- und Siebzigerjahren des letzten Jahrhunderts schauten die Barceloner ein wenig beschämt auf die Hinterlassenschaften des Modernisme in ihrer Stadt. Der spezifisch katalanische Baustil, der zwischen 1880 und 1910 prägend war, pflegte eine symbolreiche, überbordende Formensprache mit allerlei historisierenden Stilzitaten. Bereits zu Lebzeiten Gaudís war seine Sagrada Família umstritten. 1883, ein Jahr nach Baubeginn, hatte der damals 31-Jährige die Bauleitung von seinem Vorgänger Francesc de Paula Villar übernommen. Da die Krypta bereits stand, war an der Ausrichtung der Kirche nichts mehr zu ändern. Doch die Lage zwischen den Bergen und der Küste, mitten im neu entstehenden Eixample-Viertel, gefiel dem Architekten. Sie passte zu seiner Vorstellung, dass sich ein Volk vor allem über seine Kirchenbauten darstellt, die demzufolge einen zentralen Platz beanspruchen sollten.

Nicht weniger als die „definitive Transfiguration der Gotik" schwebte dem Baumeister vor, der mit fortschreitendem Alter eine strenggläubige asketische Lebensweise an den Tag legte. Die großen Kirchenbauten der Gotik sollten mit den verbesserten Techniken des ausgehenden 19. Jahrhunderts wiederbelebt und übertrof-

Die Lage des Kirchenbaus, zwischen den Bergen und der Küste im neu entstehenden Eixample, gefiel dem Architekten.

Rechte Seite: Wer das Innere des Sakralbaus betritt, ist überwältigt vom Licht, dessen Einfall Gaudí grandios zu inszenieren wusste. Nach dem Vorbild der Natur gestaltete er die tragenden Säulen der Basilika wie Bäume, deren Stämme sich in mehrere Äste verzweigen.

fen werden. Der in Reus bei Tarragona als Sohn eines Kupferschmieds geborene Architekt legte in das Projekt einen reichen Fundus an biblischen Figuren und Episoden sowie an natürlichen Elementen aus Flora und Fauna der Mittelmeerregion.

Achtzehn ungewöhnlich hoch aufragende Türme, deren schmale Parabelform an die rund gewaschenen Felsen des Montserrat-Gebirges erinnern, erheben sich über dem Grundriss eines lateinischen Kreuzes. Drei Hauptfassaden plante der Meister, von denen er allerdings nur eine, die Ostfassade, fertigstellen konnte. Im Jahr 1926 – Gaudí lebte bereits in der Bauhütte

der Kirche, die sein ganzer Lebenssinn geworden war – wurde er von einer Straßenbahn erfasst und starb kurz darauf an den Verletzungen.

Besser unvollendet?

Nach Gaudís Tod übernahmen zunächst seine Mitarbeiter die Leitung der Baustelle. Doch Geldmangel, die bilderstürmerischen Anarchisten, die Papiere und Pläne verbrannten, und die Wirren des Spanischen Bürgerkriegs brachten das vorläufige Aus für die Sühnekirche mit sich. Erst Mitte der 1950er-Jahre beschloss die Sagrada-Família-Stiftung, den Bau fortzusetzen. Aber wie? Echte Baupläne gab es nicht. Gaudí hatte vor allem mit Modellen aus Gips oder Schnüren gearbeitet. Sollte man die Kirche nicht besser als Fragment stehen lassen? Schließlich wurden auch der Parc Güell und die Colònia Güell nie vollendet. Salvador Dalí, Le Corbusier und andere Künstler und Architekten sprachen sich für diese Lösung aus, doch die Stiftung wischte die Bedenken vom Tisch. Sie setzte die Idee der (fertigen) Kirche über die (unvollendete) Kunst und ließ weiterbauen – übrigens ohne Genehmigung, wie erst 2007 bekannt wurde.

Scheitern oder Wunder

Wenn alles gut geht, wird die Sagrada Família zum hundertsten Todestag Gaudís fertig, das wäre im Jahr 2026. Hoffentlich dreht er sich nicht in seinem Grab in der Krypta der Kirche um, wenn er sieht, was aus „seiner" Sagrada Família geworden ist. Was würde er zur Passionsfassade von Josep Maria Subirachs sagen, die seit 1986 für Diskussionen sorgt? Was zu den klinisch wirkenden Kunststeinen und Betongussformen? Und wie steht man selbst dazu? Vielleicht sind Gaudís Nachfahren grandios gescheitert. Vielleicht löst die Fertigstellung eines unmöglichen Bauwerks aber auch das Wunder ein, das es braucht, damit das von Gaudís Anhängern im Jahr 2000 beim Heiligen Stuhl angeregte Seligsprechungsverfahren Erfolg hat. Die „Vereinigung für die Seligsprechung von Antoni Gaudí" lässt nicht locker, bis es soweit ist.

Besuch in der Sagrada Família

· ·

Öffnungszeiten: April–Sept. 9.00–20.00, Okt./März bis 19.00, Nov.–Feb. bis 18.00 Uhr Uhr. Extraticket für die Besichtigung der Türme erforderlich (Basilika 17 €, mit Führung einschließlich Türme 32 €). Die Aufzüge in der Geburts- und der Passionsfassade stellen den Betrieb 30 bzw. 15 Min. vor der Schließung ein. Führungen auf Englisch um 11.00, 13.00, 15.00 sowie Mai–Okt. und ganzjährig Sa./So. zusätzlich um 12.00 Uhr. Es empfiehlt sich, Tickets vorab online zu bestellen. Damit betritt man die Anlage über einen gesonderten Eingang am Carrer Sardenya und vermeidet lange Wartezeiten.

www.sagradafamilia.org

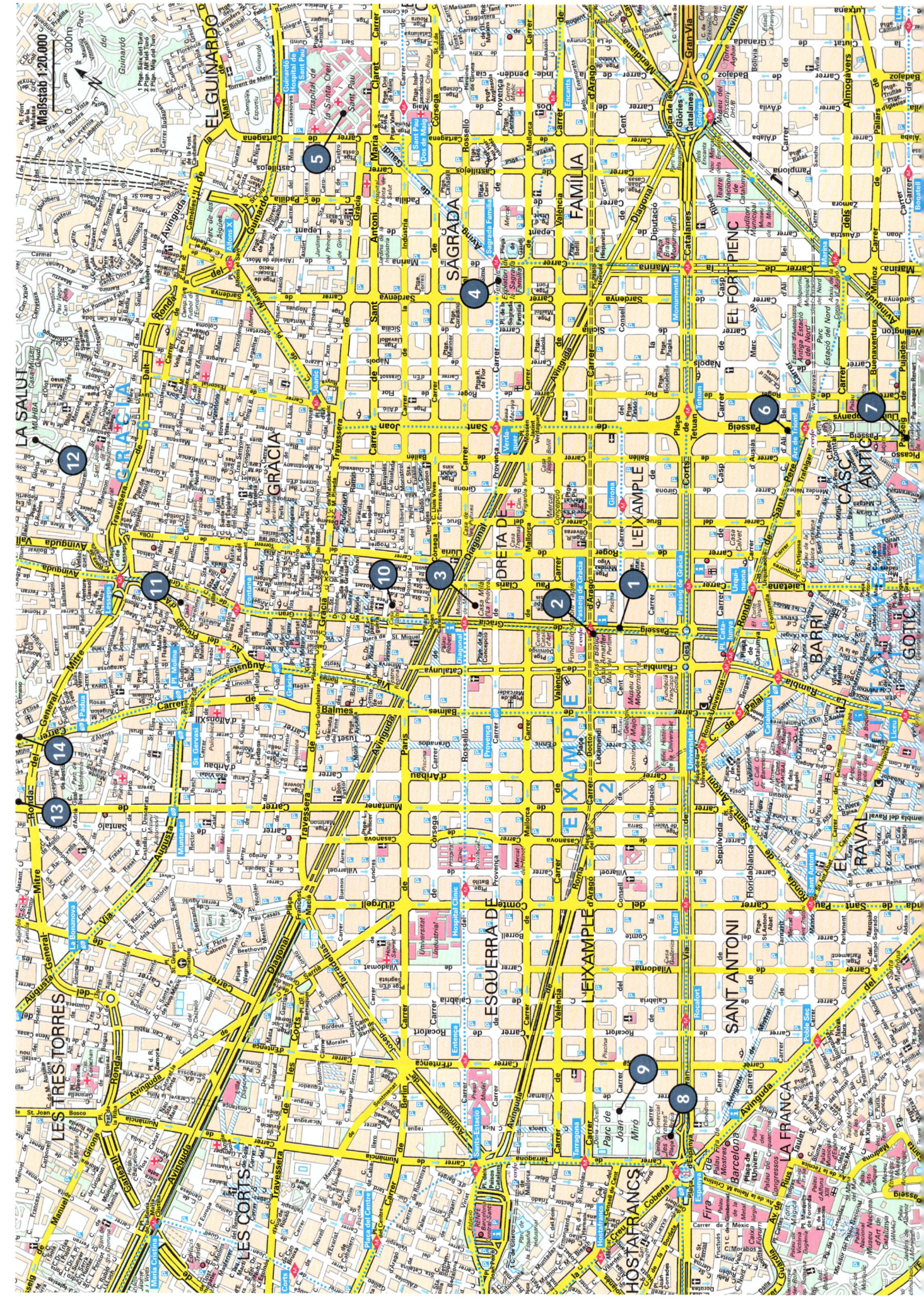

Formenrausch im Raster

Im Jahr 1859 wurde Barcelona ein Plan verordnet, der das Gesicht der Stadt prägen sollte. Damals wurde die Stadt zur Spielwiese eines neuen Baustils, des katalanischen Jugendstils (Modernisme).

① – ⑨ Eixample

Ildefons Cerdà wollte die Basis für eine sozial ausgeglichene Stadtentwicklung schaffen. Mit der Erweiterung nach seinem Plan wurde 1860 begonnen. Das riesige, rasterförmig angelegte Areal durchkreuzt die Avinguda Diagonal. Da die Bebauung des Viertels mit der Entwicklung des Modernisme zusammenfiel, finden sich hier die meisten und schönsten Beispiele dieses Baustils. Das Zentrum bildet das Quadrat d'Or mit großbürgerlichen Modernisme-Bauten, edlen Geschäften und vielen guten Restaurants.

SEHENSWERT

Mitten durch das Viertel geht der ① **Passeig de Gràcia** TOPZIEL. An der eleganten Einkaufsmeile finden sich Boutiquen, Geschäfte

Tipp

Shopping

Barcelona ist ein wahres Einkaufsparadies. *Die Einkaufsstraße schlechthin* ist der Passeig de Gràcia im Eixample. Dabei lohnt auch ein Blick in die Quer- und Parallelstraßen. Belebte Einkaufszentren sind das Maremagnum im alten Hafenbecken oder El Triangle an der Plaça de Catalunya. Zu den neuesten gehören die Arenas de Barcelona in der einstigen Stierkampfarena an der Plaça d'Espanya. Zur „Shopping Line Barcelona", einer 5 km langen Einkaufsachse, halten die Touristinfos eine Übersichtskarte mit vielen Einkaufstipps und Adressen bereit.

INFORMATION

https://barcelonashoppingcity.com

Oben: originalgetreu eingerichtete Räume in Gaudís Casa Milà. Rechts oben: Gaudís große Unvollendete, die Sgrada Família. Darunter: Gaudí in Lebensgröße (als Bronzeskulptur von Joaquim Camps) im Portal der Finca Miralles.

und gehobene Hotels. Der Boulevard ist auch das Epizentrum des Modernisme. Im „goldenen Quadrat" finden sich dessen schönsten Gebäude wie die ② **Casa Batlló** (urspr. 1877, in den Jahren 1904 bis 1906 von Antoni Gaudí umgestaltet; Passeig de Gràcia 43, www.casabatllo.es; tgl. 9.00–21.00 Uhr). Noch heute muss man den Mut des Architekten und seines Auftraggebers bewundern: Das Haus der Batllós ist eine Art bewohnbare Skulptur – „Knochenhaus" oder auch „Haus der gähnenden Münder" wurde es genannt. Die ② **Casa Amatller** direkt daneben (1898; Pg. de Gràcia 41, www.amatller.org) wurde von Josep Puig i Cadafalch entworfen und erinnert mit ihrem eckigen Giebel an ein mittelalterliches Stadthaus. Zusammen mit der ② **Casa Lleó Morera** (1905; Pg. de Gràcia 35, www.casalleomorera.com) von Lluís Domènech i Montaner bilden die Häuser die *mansana de la discòrdia* (auf Deutsch sowohl „Zankapfel" als auch „Häuserblock der Zwietracht"), wegen des Wettstreits der drei Architekten um Stil und Prestige. Abgeklärt und wie in utopische Sphären entrückt wirkt dagegen Antoni Gaudís

bekanntester Profanbau, die Casa Milà oder ③ **La Pedrera** (1905–1911; C/ Provença 261 bis 265, www.lapedrera.com; tgl. 9.00–20.30, Nov.–Feb. bis 18.30 Uhr; lange Wartezeiten vermeidet man, indem man Tickets online kauft). Besucher können die Dachterrasse mit den millionenfach fotografierten (und immer wieder beeindruckenden) Kaminen besichtigen sowie den Espai Gaudí im Dachgeschoss. Eine Etage tiefer ist eine originalgetreu eingerichtete Wohnung zu sehen, im ersten Obergeschoss zeigt die Stiftung Fundació Catalunya La Pedrera Ausstellungen zu künstlerischen und kulturellen Themen. In den Parallel- und Querstraßen zum Passeig de Gràcia finden sich noch mehr als hundert weitere Bauten des Modernisme.

DRETA DE EIXAMPLE

Auf der – in Richtung Tibidabo – rechten (dreta) Seite des Viertels warten zwei weitere Highlights des Modernisme: Die ❹ **Sagrada Família TOPZIEL** ist der Paradebau dieser Stilrichtung. Antoni Gaudí begann 1883 mit den Arbeiten, die bis heute fortgeführt werden. Von der Sagrada Família ist es nicht mehr weit bis zum ❺ **Hospital de la Santa Creu i de Sant Pau** (C/ Sant Antoni Maria Claret 167, www. santpaubarcelona.org, Nov.–März, Mo.–Sa. 9.30 bis 17.30, So. bis 15.00, April–Okt. 9.30–19.00, So. bis 15.00 Uhr). Der Klinikkomplex wurde von Lluís Domènech i Montaner ab dem Jahr 1902 erbaut und ist wie eine Stadt in der Stadt. Das frisch restaurierte Jugendstilensemble zählt zum Weltkulturerbe der UNESCO.

PARC DE LA CIUTADELLA

Bis 1868 stand auf dem Areal die von Philipp V. errichtete Zitadelle (1715). Der Park wurde für die Weltausstellung 1888 angelegt, die man durch den ❻ **Arc de Triomf** betrat. Im Park gibt es einen hübschen Teich mit Ruderbooten und Gartenlokalen. Das ❼ **Castell dels Tres Dragons** („Burg der drei Drachen") wurde von Lluis Domènech i Montaner entworfen. Auch das angrenzende **Hivernacle**, ein Wintergarten, wurde für die Weltausstellung erbaut, ebenso wie das Schattenhaus **Umbracle**, beide von Josep Amargós. Bei Familien beliebt ist der **Parc Zoològic** (www.zoobarcelona.cat; Mitte Mai–Mitte Sept tgl. 10.00–20.00, Okt. bis März bis 17.30, sonst bis 19.00 Uhr), u. a. mit Delfinvorführungen im Aquarama.

PLAÇA D'ESPANYA

An der Südspitze der Viertels, an der Grenze zum Montjuïc und Raval, hat Richard Rodgers die 1900 erbaute Stierkampfarena ❽ **Les Arenes** in ein Einkaufszentrum umgewandelt. Von der Dachterrasse hat man eine tolle Aussicht über die **Plaça d'Espanya** mit der **Font Màgica** (Mai–Sept. Do.–So. 21.00–23.30, Febr. bis

---

Oben links/rechts: Von außen wie von innen beeindruckend ist die zu einem Einkaufszentrum umgebaute ehemalige Stierkampfarena Les Arenes. Rechts unten: Die Font Màgica von Carles Buïgas ziert seit der Weltausstellung im Jahr 1929 die Plaça d'Espanya.

April u. Okt.–Dez. Fr./Sa. 19.00–21.00 Uhr) und das Messegelände am Fuß des Montjuïc. Nach Norden hin schließt sich der ❾ **Parc de Joan Miró** an. Seine 22 m hohe Skulptur Dona o Ocell („Frau und Vogel") hat Miró der Stadt nach dem Ende des Franco-Regimes geschenkt. Zum Park gehört auch ein stimmungsvoller Palmenhain mit Sportmöglichkeiten.

UNTERKUNFT

In der Nähe der Sagrada Família liegt das solide Zwei-Sterne-Hotel € € **Antibes** (C/ Diputació 394, Tel. 93 2 32 62 11, www. hotel-antibes-barcelona.com; 71 Z.). Neben den angenehmen Zimmern und dem freundlichen Service ist vielleicht auch der hoteleigene Parkplatz ein Argument. Das modern gestaltete € € € **Ayre Rossellón** (C/ Rosellón 390, Tel. 91 122 76 51, www.ayrehoteles.com; 105 Z.) erfreut mit ruhigen Zimmern in dezenten Farben und einem reichhaltigen Frühstück. Aus den Zimmern der obersten Etagen sowie der Bar auf der Dachterrasse wirken die Türme der Sagrada Família in 200 m Entfernung zum Greifen nah.
€ **BarcelonaBB** (Mallorca 319, Tel. 63 7 97 72 63, www.barcelonabb.com, 7 Z.) wurde von den Nutzern des Internetportals Tripadvisor schon zweimal zur beliebtesten Pension der Stadt gekürt. Kein Wunder – nicht nur die Zimmer überzeugen, auch die Gastgeber tun alles, damit man sich willkommen fühlt.
Mit seiner Saft- und Café-Bar und den Restaurants ist die € € € **Casa Bonay** nicht nur ein trendiges Hotel, sondern auch ein lebendiger Treffpunkt (Gran Via de les Corts Catalanes 700, Tel. 93 545 80 70, www.casabonay.com). Die € € € € **Casa Fuster** (Pg. de Gràcia 132, Tel. 90 020 20 00, www.hotelescenter. es; 96 Z.) am oberen Ende des Passeig de Gràcia wurde von Lluís Domènech i Montaner entworfen (s. S. 55). Dunkle Farben mit Akzenten in Rot, Violett und Gold sowie geschwungene Formen greifen den Stil des Modernisme auf; von der herrlichen Dachterrasse mit Pool überblickt

man den gesamten Passeig. Die Kombination aus Backstein, dunklem Metall und edel anmutenden Materialien bestimmt den Stil des € € € **Granados 83** (C/ Enric Granados 83, Tel. 93 429 96 70, www.hotelgranados83.com; 77 Z.); auf der Dachterrasse können sich die Gäste im Minipool abkühlen. Das Art-Decó-Gebäude des € € € € **Mandarin Oriental Barcelona** (Pg. de Gràcia 38–40, Tel. 93 151 88 88, www.mandarinoriental.com; 98 Z.) wurde von Patricia Urquiola in zeitgemäß-klassischem Stil eingerichtet. Das derzeit vielleicht beste Haus am Platz bietet ein großes Spa mit 12-m-Hallenbecken, eine Dachterrasse mit Pool und das exzellente Restaurant „Moments". In guter Lage am Passeig de Gràcia geht es mit einem historischen Holzaufzug in die 4. Etage, wo die familiäre Pension € / € € **Oliva** (Pg. de Gràcia 32, Tel. 93 488 01 62, www.hostaloliva.com) Zimmer mit und ohne eigenes Bad anbietet. Das recht beliebte Vier- Sterne-Boutiquehotel € € € **Pulitzer** (C/ Bergara 8, Tel. 93 481 67 67, www.hotelpulitzer.es; 86 Z.) liegt zentral und verkehrsgünstig nahe der Plaça Catalunya. Die hellen Räume mit einem Designmix aus zeitgenössischen, kolonialen und asiatischen Elementen sind gut ausgestattet und komfortabel; Innenpool, Spa und Fitnessraum tragen zur angenehmen Entspannung der Gäste bei.

❿ – ⓮ Gràcia

Der Stadtteil zwischen dem Eixample und dem Tibidabo war bis ins 19. Jh. unabhängig. Noch heute fühlt man sich in dem bei Studenten be-

---

In der katalanischen Hauptstadt ist die Utopie eines multikulturellen Miteinanders längst gelebter Alltag.

liebten Viertel mit seinen netten Cafés und Läden wie in einer Kleinstadt. Touristischer Anziehungspunkt ist der Parc Güell.

SEHENSWERT

Die 1908–1911 von Domènech i Montaner erbaute ⑩ **Casa Fuster** (Pg. de Gràcia 132) gehört wie die anderen Bauten des Jugendstilarchitekten zum Weltkulturerbe der UNESCO; heute ist die Casa zugleich ein Luxushotel. Eine der ersten Arbeiten von Antoni Gaudí, die ⑪ **Casa Vicens** (C/ de les Carolines 22; https://casavicens.org; Apr.–Okt. tgl. 10.00 bis 20.00, Nov.–März Mo. 10.00–15.00, Di.–So. bis 19 Uhr) im oberen Gràcia-Viertel, ist deutlich vom spanischen Mudéjar-Stil geprägt. Besucher müssen sich vorerst mit dem Anblick der Fassade und des mit Palmblättern geschmückten Eisenzauns begnügen, das Privathaus kann innen nicht besichtigt werden. Wenn von den Werken Gaudís die Rede ist, fällt immer auch der Name Güell. Eusebi Güell (1846–1918) war ein schwerreicher Industriebaron mit sozialer und künstlerischer Ader. Ohne den Freund und Mäzen hätte Gaudí viele seiner einzigartigen Bauwerke nie realisieren können. So beauftragte Güell den Architekten mit der Planung und dem Bau einer Gartenstadt: 60 Villen sollten im ⑫ **Parc Güell** TOPZIEL entstehen. Das Zentrum der unvollendeten Anlage ist ein Terrassenplatz mit einer umlaufenden Bank aus Kachelbruch; die Trencadís-Technik ist typisch für Gaudí und findet sich auch am ehemaligen Pförtnerhaus. Bis zu seinem Umzug in die Bauhütte der Sagrada Família lebte Gaudí im Musterhaus der Anlage, das allerdings nicht von ihm entworfen worden war. Im **Casa-Museu Gaudí** (C/ Olot 5, Ⓜ Lesseps/L 3, Bus 24, 92 oder Bus Turístic, www. parkguell.cat; Nov. bis März tgl. 8.30–18.30, sonst 8.30–19.00 Uhr) sind Möbel sowie Modelle und Fotos des Parks zu sehen.

VERANSTALTUNG

Jedes Jahr in der zweiten Augusthälfte lockt die **Festa Major de Gràcia** (www.festamajor degracia.cat) Hunderttausende in die fantasievoll geschmückten Gassen des Stadtteils.

UMGEBUNG

Gaudí-Fans zieht es in den Stadtteil Sarrià-St. Gervasi. Dort hat der Meister das Landhaus ⑬ **Torre Bellesguard** in eine mittelalterliche Ruine mit vielen Geschichtsbezügen gebaut. (Bellesguard 16–20, Tramvia Blau (Pl. Doctor Andreu), Bus 196, 58, Di.–So. 10.00–15.00 Uhr, www.bellesguardgaudi.com). Ab Plaça de Catalunya fährt der Bus T 2A direkt zum ⑭ **Tibidabo** (außerhalb der Karte), sofern der Parc d'Atraccions geöffnet ist (im Sommer meist tgl., sonst nur an Wochenenden; www.tibidabo. cat). Der 288 Meter hohe Torre de Collserola hat eine Besucherplattform in 134 Meter Höhe. Der Ausblick ist phänomenal (Sa./So. 13–14 Uhr; www.torredecollserola.com). Eine Anfahrtalternative zum Bus ist die Bahnlinie L 7 der FGC bis Av. Tibidabo; dort steigt man in die Tramvia Blau um und nimmt für das letzte Stück die Standseilbahn.

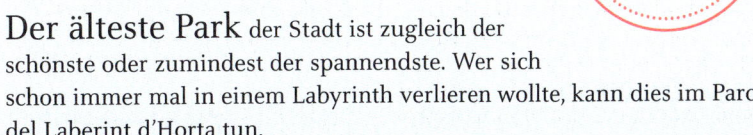

Genießen   Erleben   Erfahren

DuMont Aktiv

Wo ist Eros?

Der älteste Park der Stadt ist zugleich der schönste oder zumindest der spannendste. Wer sich schon immer mal in einem Labyrinth verlieren wollte, kann dies im Parc del Laberint d'Horta tun.

Der einzige Nachteil des 7 ha großen Parks ist seine Lage. Einfach mal vorbeischauen ist nicht, dafür liegt das grüne Idyll zu weit außerhalb. Man muss schon etwas Zeit einplanen. Gartenliebhaber tun das gern, denn die Anlage am Hang der Serra de Collserola birgt einen wahren Schatz: eines der wenigen noch erhaltenen Gartenlabyrinthe vergangener Jahrhunderte. Der 1792 angelegte Irrgarten steht im Zentrum der klassizistischen Anlage. Auf einem Karree von etwa 50 m Seitenlänge verwehrt eine 750 m lange Zypressenhecke den Durchblick. Wie gelangt man zur Eros-Skulptur in der Mitte – und wie wieder hinaus?

Heitere Wasserspiele: In der wasserreichen und privilegierten Lage an der Serra de Collserola ließ Joan Antoni Desvalls auf dem Sommersitz seiner Familie den Park anlegen. Federführend war der französische Gartenarchitekt Joseph Delvalet. Skulpturen der griechischen Mythologie zieren den ältesten Teil des Parks. Ein Blumengarten, klassizistische Tempel und ein romantisch anmutender Kanal mit Wasserspielen erfreuten die Gäste, zu denen auch die spanischen Könige gehörten. Im 19. Jh. wurde der Park um einen romantischen Teil erweitert. Steineichen, Kiefern, Eiben und andere Gehölze schaffen ein verwunschenes Ambiente, das auf den leichten Schauder vorbereitet, der den Besucher der Einsiedelei erwartet. Der Mönch, der dort am einfachen Tisch sitzt, ist genauso unecht wie der Friedhof, dessen Sarkophage an die Sterblichkeit des Menschen erinnern sollen.

Weitere Informationen

Lage: Der Parc del Laberint befindet sich im Stadtteil Horta-Guinardó am Passeig dels Castanyers 1.
Anfahrt: Mit der Metro L 3 zur Station Ⓜ Mundet.
Öffnungszeiten: Nov.–März. tgl. 10.00 bis 19.00, April–Okt. 10.00–20.00 Uhr; Mi., So. freier Eintritt.
http://meet.barcelona.cat (Naturaleza y playa / Nature and beaches)

Die Schöne und das Meer

Hinten die Berge, vorne das Meer –
eine bessere Lage gibt es kaum.
Barcelona wurde zur Designmetropole, ist Wirtschaftszentrum und
Reiseziel für Millionen. Damit das
so bleibt, muss die Stadt immer
besser, aufregender und attraktiver
werden. Was damit gemeint ist,
sieht man zum Beispiel am Wandel
der Küste, zwischen Montjuïc und
Parc del Fòrum.

Für die Olympischen Spiele 1992 erhielt La Barceloneta einen schicken Strand samt
Promenade. Das Glassegel des W-Hotels überragt die gesamte Szenerie.

Nichts ist unmöglich in Barcelona – auch nicht ein kilometerlanger Sandstrand vom Feinsten, wo sich bis in die 1980er-Jahre nur Lagerhallen und Eisenbahngleise befanden. Die beiden Hochhäuser markieren den Port Olímpic, den olympischen Jachthafen.

Am Port Olímpic findet sich auch „El peix d'or", der goldene Fisch von Frank Gehry, eine unübersehbar große Skulptur aus Bronzebändern. Je nach Lichteinfall verändert das „Schuppenkleid" des Fisches sein Aussehen.

Mit Badekleidung und Surfbrett durch die Stadt – in La Barceloneta fast normal.

Die Chiringuitos gibt es noch. Aber nach Bretterbuden sehen Strandbars wie hier das Princesa 23 heute nicht mehr aus.

Neben Berlin und London wurde Barcelona zum Inbegriff des urbanen Lebensgefühls.

D er Anblick hellhäutiger Mittel- oder Nordeuropäer, die mit Flip-Flops, Shorts und viel nackter Haut durch die Altstadt schlappen, ist nicht jedermanns Sache. Mancher Barceloner sieht darin ein Sinnbild für die Janusköpfigkeit des Erfolgs. Vor rund 20 Jahren, etwa zu der Zeit, als die Billigairlines den Markt aufmischten, wurde Barcelona neben Berlin und London zum Inbegriff urbanen Lebensgefühls. Jeder wollte hin und viele kamen auch. Daran änderte sich auch während der Wirtschaftskrise in Spanien ab 2007 nichts. Einer der Gründe, weshalb Barcelona so unverschämt attraktiv ist und weshalb es gar nicht so seltsam ist, sich in Badekleidung durch die Stadt zu bewegen, ist La Barceloneta. Hier geht es nämlich zum Strand, nein, zu den Stränden.

Strände statt Fischbuden

Natürlich grenzte das alte Fischerviertel schon immer ans Meer, aber wer wollte an den verdreckten Gestaden schon ins trübe Wasser steigen? „Das Barcelonachen", wenn man den Namen mal wörtlich nimmt, wurde ab 1753 auf einer Landzunge erbaut. Eigentlich für die Familien, die vierzig Jahre zuvor ihr Zuhause verloren hatten, weil der Bourbonenkönig Philipp V. im Ribera-Viertel Platz für seine Zitadelle brauchte. La Bar-

celoneta war und ist zum Teil noch immer ein armes Viertel, wo Nachbarschaftshilfe und Zusammenhalt bis heute großgeschrieben werden. Sogar ein paar Fischer leben hier noch.

Als sich Barcelona für die Olympischen Spiele von 1992 einer Radikalkur unterzog, mit der alles sauberer und schöner werden sollte, erinnerte man sich im Rathaus auch an den Meeressaum von La Barceloneta, den die Einheimischen nur aufsuchten, um in den *Chiringuitos*, einfachen Bretterbuden, den besten Fisch der Stadt zu genießen. Diesem Meeressaum wurde eine Promenade verpasst, oberhalb des frisch aufgeschütteten Sandstrands öffneten schicke Bars und Restaurants. Das Fischerviertel selbst blieb davon unberührt.

Typische Mischung

Das ist heute anders. Auch wenn die Wohnungen klein sind und die Bausubstanz bedenklich schlecht – das Viertel boomt in der für Barcelona typischen Mischung: Es gibt die coole Cocktailbar und die Normalkneipen von früher, also die mit den Neonröhren, dem brummigen Mann hinterm Tresen und dem laufenden Fernseher. Es gibt die klassischen Fischlokale mit viel Weiß und Blau und lackierten Holztischen, aber auch die indisch geführte Dönerbude nebenan. Und,

Wer nicht gerade mit der Jacht da ist, kommt wegen der zahlreichen Bars, Diskotheken und Restaurants zum Port Olímpic.

Aus dem Meer direkt auf den Teller: Meeresfrüchte pur oder in einer Paella. Wichtigste Aufgabe des Kochs: Rühren, rühren, rühren.

Langeweile hat am Port Olímpic niemand. Und am besten beginnt eine lange Nacht mit einem guten Essen.

ja, die Chiringuitos gibt es auch noch, aber eher als Zitate einer verklärten Vergangenheit. So wie das Pez Vela, ein schicker Luxus-Chiringuito an der Strandseite des W-Hotels, das seinerseits aussieht, als hätte Barcelonas Hausarchitekt Ricardo Bofill seiner Heimatstadt ein kleines Burj al Arab schenken wollen.

Umgestaltung der Küste

Das 2010 errichtete Glassegel des W-Hotels mit seinen 26 Etagen lässt das Arts-Hotel im Port Olímpic, dem olympischen Jachthafen, ziemlich alt aussehen. Die glitzernde Fischskulptur von Frank Gehry, die beiden Hochhaustürme – einer davon das besagte Arts-Hotel – und der Jachtha-

fen sind längst Geschichte. Die südlichste Stadt des Nordens, wie Barcelona sich gern sieht, hat nach Olympia ein neues Kapitel aufgeschlagen, und das beginnt jenseits des Port Olímpic.

Da gerade keine Olympischen Spiele und auch keine Weltausstellung in Sicht waren, bastelte man sich selbst ein bedeutendes Ereignis: das Forum der Kulturen. Auf einem 25 Hektar großen Areal am Meer, teilweise über einem Klärwerk, wurde 2004 viereinhalb Monate lang über „Frieden, kulturelle Vielfalt und Nachhaltigkeit" diskutiert. Der Dalai Lama war da, Wissenschaftler und Popstars – aber nur halb so viele Besucher wie erhofft.

Das Forum selbst war kein Erfolg, doch darum ging es auch gar nicht. Die „Expo der Werte" sollte nur das Zugpferd für einen gigantischen städtebaulichen Plan sein: die Verlängerung der Avinguda Diagonal bis zum Meer und

Es gibt coole Cocktailbars, alte Kneipen und klassische Fischlokale.

die Umgestaltung eines ganzen Stadtteils. Im Poblenou gab es bislang nichts, was einen Touristen hätte interessieren können, nur leer stehende Fabriken,

Auf dem Moll de Bosch i Alsina am Port Vell winkt eine große Hummerskulptur.

Lebendes Meeresgetier zeigt sich im Aquàrium auf dem Moll d'Espanya aus nächster Nähe. Die Besucher gleiten auf einem Laufband durch den Glastunnel im Riesenfischbecken.

Über die Rambla del Mar, eine breite Fußgängerbrücke, gelangt man von der Kolumbussäule zum Moll d'Espanya.

Nacht über Barcelonas Altem Hafen: vorne rechts im Bild die Rambla del Mar, die über das Hafenbecken zum Moll d'Espanya führt; hinten rechts das Imax-Kino, vorne links das historische Zollhaus aus dem Jahr 1902.

Wohnhäuser in zweifelhaftem Zustand, unsichere Straßen. Aber diese Lage, so nah an der Küste und nah am Zentrum, das ist ein gewaltiges Potenzial, mag man sich gedacht haben. Wenn nur die Häuschen der armen Schlucker nicht im Weg gestanden hätten.

Im Unterschied zu den sozialen Städtebauprojekten früherer Jahrzehnte überließ man das Feld diesmal externen Investoren – mit entsprechenden Auswirkungen auf die Architektur. Der Großteil der Bauten kann nicht begeistern. Doch es gibt durchaus interessante Einzelprojekte, für die internationale Stararchitekten gewonnen wurden und die dem Stadtteil die nötige Aufmerksamkeit garantieren. Dazu zählen der Agbar-Turm von Jean Nouvel, das Designmuseum von MBM Architects sowie das dreieckige Fòrum-Gebäude der Schweizer Jacques Herzog und Pierre de Meuron.

Der Plan, aus dem Poblenou, dem „neuen Dorf", eine Art Zukunftslabor zu machen, scheint aufzugehen. So sollen sich mehrere tausend neue Unternehmen in der Hightech-Area angesiedelt haben. @22 wurde das Viertel getauft. Das klingt nach Computern und Zukunft – in seinem fortschrittsgläubigen Optimismus aber auch wie von gestern. Was der Name auch ist, schließlich stammt er aus dem letzten Jahrhundert.

Auf dem Haushügel

Und was ist das nächste Projekt? Wo werden die Barceloner als Nächstes ihre Mischung aus Eigensinn, kreativem Größenwahn und Geschäftstüchtigkeit den Europäern und Restspaniern unter die Nase reiben? Auf dem Montjuïc? Der gut 200 Meter hohe Hügel, der die Altstadt nach Süden begrenzt, steht auf der To-do-Liste. Aus der ehemals verhassten Festung wurde in den vergangenen Jahren ein Kulturzentrum. Bei den Ausstellungen steht die Geschichte des Montjuïc und des darunter liegenden Barcelonas im Fokus.

Vom Dach des Castell de Montjuïc lässt sich wunderbar der Containerhafen beobachten. Hier, sozusagen am Lieferanteneingang der Metropole, werden all die Waren umgeschlagen, die dann in den Luxusboutiquen im Eixample oder den indischen Souvenirshops an der Rambla die Regale füllen. Von hier aus sieht man auch die Hinterlassenschaften der Weltausstellung im Jahr 1929 in Form von Museen und einem spani-

schen Musterdorf, man sieht die Olympia-Sportstätten und die schönen Parks.

Und noch etwas sieht man: Zwischen den Kreuzfahrtkähnen und dem gläsernen Segel des W-Hotels dümpeln die Segel- und Motorjachten dicht gedrängt im Port Vell, dem „alten Hafen". Nachdem man in Kataloniens Hauptstadt so viel Neues gesehen hat, wirkt das Einkaufszentrum Maremagnum, das wie eine Insel im Hafen schwimmt, fast ein wenig müde und in die Jahre gekommen. An den Touristenströmen, die sich täglich von der Rambla über den Holzsteg Rambla del Mar bis zum Maremagnum ergießen, ändert das allerdings nichts. Welche Stadt würde sich nicht glücklich

In Barcelona tut man sich mit dem Mittelmäßigen schwer.

schätzen, hätte sie solch einen Besuchermagneten vor der Haustür?

Nun, in Barcelona sind die Maßstäbe vielleicht doch ein bisschen höher, und da die Stadt so schön ist wie ein Model und so anspruchsvoll wie eine Diva, tut man sich hier mit dem Mittelmäßigem etwas schwer. Mit Stadturlaubern in Badeshorts und Schlappen sowieso.

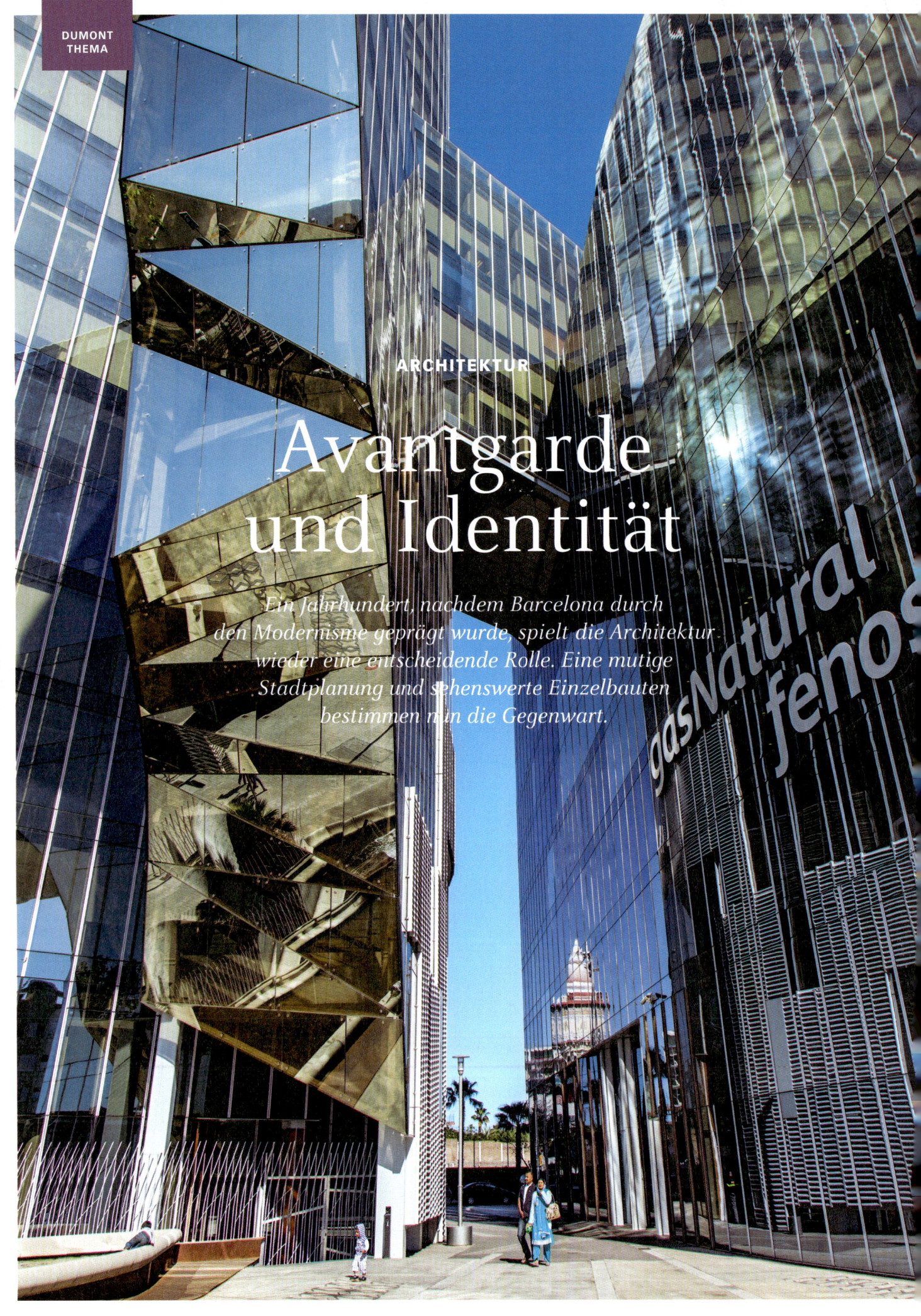

ARCHITEKTUR

Avantgarde
und Identität

*Ein Jahrhundert, nachdem Barcelona durch
den Modernisme geprägt wurde, spielt die Architektur
wieder eine entscheidende Rolle. Eine mutige
Stadtplanung und sehenswerte Einzelbauten
bestimmen nun die Gegenwart.*

Ricardo Bofill hat sich in seiner Heimatstadt Barcelona mit einigen wirklich außergewöhnlichen Bauwerken verewigt. Das wie ein vom Wind geblähtes Segel anmutende und zu einer der Ikonen Barcelonas gewordene W-Hotel, in dessen Glasfassade sich Meer und Himmel spiegeln, ist ebenfalls ein Werk des Altmeisters, ebenso der 2009 eröffnete Flugterminal T 1, der ältere Terminal T 2 und das Katalanische Nationaltheater, das an einen antiken Tempel erinnert, stammen von ihm. Noch bemerkenswerter sind die utopisch anmutenden Wohnanlagen Walden 7 (1975) und eine ehemalige Zementfabrik, die er seit 1973 zu einem schlossähnlichen Gebilde umbaut.

Das Wunder von Barcelona

Die herausragenden architektonischen Phasen Barcelonas sind die Gotik und der Modernisme. Es spricht einiges dafür, dass auch die jüngste Gegenwart, etwa ab den 1990er-Jahren, wieder prägend wird. Wegweisend ist dabei weniger die Architektur selbst als die viel gelobten städteplanerischen Konzepte. Nach dem Ende der Franco-Diktatur gelang es ab 1976 innerhalb weniger Jahrzehnte, den problematischsten Stadtvierteln Impulse für eine soziale Harmonisierung zu geben. Mit einer engagierten, sozialen Stadtplanung wurde auch der Grundstein für den Erfolg der Olympischen Spiele 1992 gelegt. Staunend blickte die ganze Welt damals auf den Feuereifer, mit dem die Stadt Jahrzehnte der Lethargie abschüttelte, um sich einer neuen, eigenen Zukunft zuzuwenden. Das Wunder von Barcelona, der Wandel von einer grauen, unsicheren Stadt des Südens in einen Touristenmagneten mit einer beeindruckenden Mischung aus Avantgarde und Tradition, geschah in dieser Zeit.

Die großen städtebaulichen Projekte Barcelonas sind immer auch vor dem Hintergrund der politisch-kulturellen Identität Kataloniens zu sehen. Anders gesagt: Wie im Mittelalter und im ausgehenden 19. Jahrhundert wird die Architektur als Symbol der Eigenständigkeit und des Machtanspruchs instrumentalisiert. Doch ein spezifisch katalanischer oder lokaler Stil ist in der globalisierten Gegenwart, in der die Stars der Architekturszene auf der ganzen Welt ihre Marken setzen, kaum mehr vorstellbar. Nur vereinzelt lässt sich die Baukunst mit dem regionalen kulturellen Hintergrund verbinden.

Disziplin und Freiheitsdrang

Ein Beispiel ist die Markthalle Santa Caterina, deren Architekten Enric Miralles und Benedetta Tagliabue in ihren Bauten die Landschaft mit aufgreifen. Man kann in ihrer Arbeit sogar durchaus die für Katalonien typische Spannung zwischen Disziplin

Oben: Einen Kontrapunkt zum einst problematischen, heute bunten Multikulti-Stadtteil Raval setzt die kühle Nüchternheit des leuchtend weißen Museu d'Art Contemporani (MACBA), das der US-amerikanische Architekt Richard Meier ACBA entwarf.

Oben: Torre Porta Fira von Toyo Ito – eine originelle Hommage an die für Barcelona typische organische Architektur. Linke Seite: Torre de Gas Natural (EMBT Miralles & Taglibue Architectes).

Es spricht einiges dafür, dass auch die jüngste architektonische Gegenwart wieder wegweisend wird.

Eine Verbindung von Internationalität mit Licht und Wärme der mediterranen Architektur sieht Ricardo Bofill im Terminal 1 des Flughafens El Prat.

und gestalterischem Freiheitsdrang, das Gegensatzpaar *seny i rauxa*, erkennen. So ließe sich zumindest das Miteinander von freien Formen und ordnender Geometrie im Firmensitz der Gas Natural interpretieren, den EMBT Arquitectes nach den Plänen des im Jahr 2000 verstorbenen Miralles unweit der Estació de França baute. Als gestalterische Anspielung auf die Türme von Barcelonas zweifellos berühmtestem Bauwerk, der Sagrada Família, lässt sich die Form der Torre Agbar sehen. Der französische Architekt Jean Nouvel hat das neue Wahrzeichen im Jahr 2004 geschaffen, das Abend für Abend wie eine Lavalampe bunt leuchtet.

Glanz und Gloria

An der Plaça de les Glòries Catalanes, gleich neben der Torre Agbar, steht das Designmuseum Disseny Hub, das mit seiner eigenartigen Formensprache neugierig macht. Gleich daneben wartet das neue Flohmarktgelände Fira de Bellaire, dessen spiegelndes Dach sich im Nu zu einem beliebten Fotomotiv entwickelt hat. Biegt man von der Plaça links in die Avinguda Meridiana, gelangt man zur Postmoderne – mit Bofills Teatre Nacional (1997) sowie dem Auditori (1999) von Rafael Moneo. Folgt man dagegen der Avinguda Diagonal in Richtung Meer, so bleibt man städtebaulich im frühen 21. Jahrhundert. Am Ende der Diagonale steht das Edifici Fòrum der Schweizer Architekten Herzog & de Meuron, das neben dem futuristisch anmutenden Solarsegel von José Antonio Martínez Lapeña und Elías Torres dem Forum der Kulturen 2004 sein bauliches Gesicht gab. Oder der Büroturm von Toyo Ito aus dem Jahr 2008 an der Plaça d'Europa und manches weitere Gebäude. Vielleicht werden künftige Generationen die Phase ab den Olympischen Spielen bis zur Wirtschaftskrise der Gegenwart zu den glanzvollen Zeiten in der Geschichte Barcelonas zählen.

Mies van der Rohe Award

....

Alle zwei Jahre rückt Barcelona durch die Vergabe des Mies van der Rohe Award ins Zentrum der europäischen Architekturwelt. Seit 1987 vergibt die in Barcelona ansässige Stiftung Mies van der Rohe den renommierten europäischen Architekturpreis gemeinsam mit der EU-Kommission. Namensgeber Ludwig Mies van der Rohe (1886–1969) entwarf den Deutschen Pavillon für die Weltausstellung 1929. Zusammen mit der Stadtverwaltung ließ die Stiftung den Pavillon wieder aufbauen; seit 1986 kann er besichtigt werden.

Pavelló Mies van der Rohe: Av. Francesc Ferrer i Guàrdia 7; März–Okt. tgl. 10.00–20.00, Nov.–Feb. tgl. 10.00-18.00 Uhr, www.miesbcn.com
Mies van der Rohe Award: www.miesarch.com

Architektonisches Ausrufezeichen in Anspielung auf die Türme der Sagrada Familia: Torre Agbar, entworfen vom Franzosen Jean Nouvel.

Maßstab 1:17.500

0   300m

Maßstab 1:17.500

Öffnung zum Meer

Erst ab den 1980er-Jahren öffnete sich Barcelona mit großen städtebaulichen Maßnahmen zum Meer hin. Der alte Hafen, die Strände von La Barceloneta und das futuristisch anmutende Areal des Fòrum bilden eine höchst attraktive Küstenlinie.

 Montjuïc

Barcelonas Hausberg erhebt sich auf der Süd-seite der Stadt etwas über 200 Meter. Er bietet viele Freizeitmöglichkeiten, Museen, Parks, Sportstätten – und schöne Aussichten. Seinen Namen hat er wohl von einem Jupitertempel, der zu römischen Zeiten hier stand (lat. mons jovis, „Berg des Jupiter").

SEHENSWERT

Den höchsten Punkt nimmt das **Castell de Montjuïc** ein (April–Sept. tgl. 10.00–20.00, sonst bis 18.00 Uhr). Die 1640 errichtete Fes-tung wurde den Barcelonern ebenso zum Sym-bol der Unterdrückung wie die nicht mehr exis-tente Zitadelle im Ribera-Viertel. Auf der Süd-

Tipp

Beim Jupiter

Die Barceloner schauen mit gemischten Gefühlen zum Castell de Montjuïc. Vom Burgberg kontrollierten erst die Bour-bonen die Stadt, später nutzten Fran-cos Schergen das Kastell als Gefängnis. Seit Jahren wird an der Festung gebaut. Der Aufstieg oder die Fahrt mit der Ka-binenbahn, der Telefèric de Montjuïc, lohnt wegen der grandiosen Aussicht. Die hat man auch vom Mirador del Mig-dia, wo man im coolen Freiluftlokal La Caseta bei DJ-Klängen über den Con-tainerhafen blickt.

INFORMATION

Mi.–Fr. 20.00–24.00, bzw. 1.30, Sa./ So. 12.00–1.00 Uhr, nur bei gu-tem Wetter; www.lacaseta.org

Benachbart: W-Hotel und Desigual-Hauptsitz (oben). Rechts oben: Flaniermeile Moll de Bosch i Alsina am alten Hafen. Rechts unten: Beach-volleyball an der Platja de la Nova Icària.

seite erstreckt sich zum Meer hin der 1883 angelegte Friedhof **Cementiri de Montjuïc** mit teilweise hausähnlichen Mausoleen. Es dauerte lange, bis der Montjuïc zum Naherho-lungsgebiet der Städter wurde. Am Beginn stand die Weltausstellung, die 1929 auf dem Areal zwischen Plaça Espanya und dem **Palau Nacional** stattfand. In den Palau, den spani-schen Pavillon der Weltausstellung, ist das Mu-seu Nacional d'Art de Catalunya (MNAC) einge-zogen (Informationen dazu und zu anderen Museen finden Sie in diesem Heft im Muse-umskapitel auf den Seiten 74 bis 85). Die Ge-genposition zum historischen Prunk bezieht der von Mies van der Rohe entworfene deut-sche Pavillon, **Pavelló Mies van der Rohe**, der ebenso eine Rekonstruktion ist wie die Sta-tue von Georg Kolbe. Etwas oberhalb steht seit 1929 das **Poble Espanyol** (www. poble-espa nyol.com; Mo. 9.00–20.00, Di., Mi., Do., So. bis 24.00, Fr. bis 15.00, Sa. bis 16.00 Uhr), ein Frei-lichtmuseum, das in etwas verkleinertem Maß-stab bekannte Bauwerke aus ganz Spanien vereint. Werkstätten, Lokale, kleine Geschäfte und Veranstaltungen beleben das Dorf. Zum Olympischen Ring, **Anella Olímpica**, oberhalb des MNAC gehören das Olympiastadion mit

seiner Fassade von 1929, der von Arata Isozaki errichtete Palau Sant Jordi, der von Santiago Calatrava entworfene Telefónica-Turm und das **Museu Olímpic i de l'Esport** (Av. de l'Estadi 60, www.museuolimpicbcn.cat; April bis Sept. Di.–Sa. 10.00–20.00, sonst bis 18.00, So. ganzj. bis 14.30 Uhr). Zu den Höhepunkten der Barceloner Museumslandschaft zählt die Fundació Joan Miró. Hangabwärts in Richtung Küste lohnt auch das Museu d'Arqueologia de Catalunya den Besuch. Auf dem Montjuïc, wo bis in die 1960er-Jahre Barackensiedlungen standen, finden sich auch schöne Parkanlagen wie die **Jardins Mossèn Cinto Verdaguer** (tgl. 10.00 Uhr bis Einbruch der Dunkelheit) in der Nähe der Miró-Stiftung oder der botani-sche Garten, **Jardí Botànic** (siehe den Tipp S. 73).

UNTERKUNFT

Am Fuß des Montjuic liegt der Stadtteil Poble Sec. Im neuen Szeneviertel fühlt man sich im € € € **Hotel Brummel** gut aufgehoben (C/ Nou de la Rambla 174, Tel. 93 125 86 22, www.hotel brummel.com; 20 Z.). Die Betreiber sehen es als eine Art Oase, die sowohl urban als auch natürlich ist. Auf jeden Fall ist dieser „tropische Modernismus", wie sie es nennen, ziemlich hip.

② Port Vell

Vom Handelshafen, einem der größten Spaniens, bekommt man nicht viel mit. Er zieht sich von der Moll de Barcelona aus nach Süden. Der alte Hafen, **Port Vell TOPZIEL**, schließt sich nördlich an und wird von La Barceloneta und dem unteren Teil des Barri Gòtic gerahmt.

SEHENSWERT

Am südlichen Ende reichte der Hafen einst bis zu den mittelalterlichen Schiffswerften, den **Drassanes Reials,** in denen sich heute das Museu Marítim befindet. Seit dem Jahr 1881 weist Kolumbus aufs offene Meer; im Innern des **Mirador de Colom** (tgl. 8.30–20.30, Winter bis 19.30 Uhr) fährt ein Aufzug auf die beengte Aussichtsebene in 60 m Höhe. Der breite Holzsteg **Rambla de Mar** führt zum **Maremagnum.** Neben dem Mitte der 1990er-Jahre eröffneten Einkaufs- und Vergnügungscenter beeindruckt das **Aquàrium** (www.aquarium bcn.com; tgl. ab 10.00 Uhr, je nach Jahreszeit bis 19.30, 20.30 oder 21.30 Uhr) mit seiner Meereswelt. Die Illusion des Hyperrealen macht den Reiz des **Imax-Kinos** aus, an dem man ebenso vorbeikommt wie am Nachbau

Tipp

Schwalbe ahoi!

Die ersten „Schwalben" (span. golondrinas) gingen 1888 auf Fahrt. Hübsch nostalgisch sind die Ausflugsboote geblieben, die auf Höhe der Kolumbussäule ablegen. Bei der knapp 40 Min. dauernden Tour lernt man einen Teil des Hafens kennen und tuckert an riesigen Kreuzfahrtschiffen vorbei. Neben den typischen Golondrinas aus den 1940er-Jahren werden moderne Katamarane eingesetzt. Mit ihnen werden auch 90-Min.-Touren zum Fòrumgelände angeboten.

INFORMATION
Tgl. 11.15–20.15, Winter bis 16.15 Uhr; www.lasgolondrinas.com

Oben: „Ganz Spanien" auf 49 000 m² – das Poble Espanyol der Weltausstellung von 1929. Rechts oben: Peix d'Or am Port Olímpic. Rechts unten: Zwei- und Vierbeiner „on Board" (Port Olímpic).

des Unterseeboots **Ictíneo II** vom Jahr 1862. Den Optimismus der frühen 1990er-Jahre strahlt die Skulptur „Barcelona Head" des Pop-Art-Künstlers Roy Lichtenstein aus, die am Ausgang der Via Laietana steht. Immer viel los ist im Bereich des **Palau de Mar** mit seinen beliebten Restaurantterrassen. Wer noch tiefer in die Geschichte der Landes einsteigen möchte – womit in Barcelona nie Spanien, sondern immer Katalonien gemeint ist –, kann das Museu d'Història de Catalunya besichtigen.

③ La Barceloneta

Mitte des 18. Jh. wurde das Viertel für die Familien errichtet, deren Häuser 1715 der Zitadelle in La Ribera weichen mussten. Zum Teil ist La Barceloneta noch immer das Viertel der Fischer und Hafenarbeiter, doch die Begehrlichkeiten sind groß. Gestiegene Immobilienpreise bereiten die Gentrifizierung vor, und die trendorientierte Szene hat den proletarischen Charme des Viertels längst entdeckt. Sehenswürdigkeiten hat La Barceloneta nicht zu bieten, dennoch lohnt ein Abstecher etwa zur zentral gelegenen, neu errichteten Markthalle **Mercat de la Barceloneta** (Plaça Font 1, www.mercatsbcn.cat). Am Passeig Joan de Borbó und der Meerespromenade Passeig Marítim finden sich zahlreiche Restaurants; für seine traditionellen Fischlokale ist der Stadtteil bekannt. Den 1772 auf der Hafenseite errichteten alten Uhrturm **Torre del Rellotge** – einst Leuchtturm des alten Hafens – übersieht man leicht. Umso deutlicher rückt die 96 m hohe **Torre de Sant Sebastià** in den Blick, End- und Startpunkt des **Transbordador Aeri** (tgl. 11.00–19.00/20.00, Winter nur bis 17.30 Uhr). Die im Jahr 1929 zur Weltausstellung erbaute Gondelbahn (in Betrieb ging sie erst 1931) führt mit Zwischenhalt bei der Torre de Jaume I zur Nordostflanke des Montjuïc.

UNTERKUNFT

Das von Ricardo Bofill entworfene Gebäude des € € € € **W Barcelona** (Plaça de la Rosa dels Vents 1, Tel. 93 295 28 00, www.w-barce lona.com; 473 Z.) hat die Skyline der Stadt verändert. Zeitgenössisch, mit glamourösem Touch, sind Zimmer und Restaurants gestaltet. Die Nähe zum Strand ist ebenso ein Pluspunkt

wie das einmalige Panorama, das man von den oberen Etagen und der Bar Eclipse im 26. Stock genießt.

④ Port Olímpic

Für die Olympischen Sommerspiele 1992 wurde das damals heruntergekommene Areal nördlich von La Barceloneta zur **Vila Olímpica;** nach dem Sportereignis verwandelte sich das olympische Dorf in ein Wohnviertel. Die beiden Hochhaustürme (136 m) bildeten zusammen mit dem **Peix d'Or,** der von dem US-amerikanischen Architekten Frank Gehry entworfen, 50 m langen Fischskulptur, das urbanistische Gesicht der Spiele. Vor den Türmen liegt der Olympiahafen mit vielen Restaurants.

⑤ Parc del Fòrum

Um die Jahrtausendwende wurde in Barcelona das seinerzeit größte Städtebauprojekt Europas angegangen. Die meerseitigen Gebiete des Poblenou, in denen vor allem Industrie und Kleinbetriebe lagen, wurden komplett umgestaltet und mit Parks, Apartmenthäusern, Büros, Hotels und einem riesigen Einkaufszentrum, dem Centre Comercial Diagonal Mar, bestückt. Die Avinguda Diagonal verlängerte man bis zur

Küste. An deren Ende liegt der **Parc del Fòrum,** der für das „Forum der Kulturen" im Jahr 2004 entstand. In das von Herzog & de Meuron gestaltete dreieckige Hauptgebäude des riesigen Kongress- und Veranstaltungsareals ist das Museu Blau eingezogen.

6 Strände

Barcelonas **Stadtstrände** TOPZIEL ziehen sich auf einer Länge von knapp 5 km vom W-Hotel bis zum Parc del Fòrum. Dank der verbesserten Klärtechnik und dem Rückgang der Industrie ist das Wasser von guter Qualität. Grundsätzlich gilt: Je näher am Zentrum, desto voller wird es im Sommer.

Platja de Sant Sebastià und Sant Miquel: Die beiden ineinander übergehenden Abschnitte bilden zusammen den ältesten Strand der Stadt. Er erstreckt sich etwa 1 km entlang von La Barceloneta und ist im Sommer gut besucht.

Platja de la Barceloneta: Der Strand grenzt direkt an den vorherigen an und reicht bis zum Port Olímpic. Früher zogen hier Fischer ihre Boote an Land. Unter der Meerespromenade finden sich viele Lokale und ein Fahrradverleih.

Platja de la Nova Icària: Hinter dem Olympiahafen schließt sich ein breiter Sandstrand an. Neben Beachvolleyballfeldern gibt es hier auch eine Surfstation und Gastronomie.

Platja del Bogatell: Am lang gestreckten Sandstrand ist es im Sommer schon etwas luftiger. Wegen des Kletterturms und anderer Spieleinrichtungen bei Familien beliebt.

Platja Mar Bella und Nova Mar Bella: Junges Publikum, Surfer und einige Nacktbadende fühlen sich an diesem Strand wohl, der näher am Fòrum als an La Barceloneta liegt.

Platja de Llevant: Der letzte Strand vor dem Fòrum ist etwa 400 m breit und wurde erst im Jahr 2006 angelegt. Wie bei allen anderen gibt es WC-Anlagen, Duschen, eine Erste-Hilfe-Station und weitere Einrichtungen.

Zona de banys del Fòrum: Kein Strand, sondern eine „Badezone" wurde in den Parc del Fòrum integriert. Mit dem vielen Beton und dem riesigen Fotovoltaiksegel im Hintergrund erlebt man hier ein garantiert anderes Badegefühl.

Tipp

Zackiges Grün

Der Botanische Garten fällt schon durch seine Parkarchitektur von Carlos Ferrater auf. In spitzen Winkeln verlaufen Wege durch die rund 70 Biotope mit Pflanzen aus den subtropischen Winterregengebieten. Dazu zählen der Mittelmeerraum und alle Regionen mit ähnlichem Klima. Ein wenig Zeit muss man den Pflanzen noch geben, der Jardí Botànic wurde erst im Jahr 1999 eröffnet.

INFORMATION
tgl. 10.00–20.00 Uhr,
http://museuciencies.cat

Genießen   Erleben   Erfahren

Zurück in die Zukunft

DuMont Aktiv

Die Küste zwischen La Barceloneta und dem Fòrum-Gelände erkundet man am besten per Rad. Es warten kilometerlange Strände und zeitgenössische Architektur.

Die Tour beginnt an der Plaça del Mar, am Ende des Passeig de Joan Borbó in La Barceloneta. Wer möchte, macht zunächst einen Abstecher zum Hotel W, wo man von einer Aussichtsterrasse freien Blick über das Meer hat.

Gemächlich geht es dann auf dem Radweg an der Strandpromenade entlang. Rechts grüßt Rebecca Horns Turm aus vier übereinandergestapelten Eisenhütten, und geradeaus sieht man schon den „Goldenen Fisch", mit dem Frank Gehry der Stadt ein beliebtes Fotomotiv geschenkt hat. Wie zwei riesige Stelen erheben sich die beiden Hochhäuser am Port Olímpic. Rechts wechselt ein Strand mit dem nächsten ab, während linker Hand das Poblenou neu entsteht oder schon entstanden ist. Ab und an passiert man einen Chiringuito, ein Strandlokal, wo man nach Bedarf eine Rast einlegen kann.

Gut, dass man mit dem Rad unterwegs ist, denn das Fòrum-Gelände mit Sonnensegel und Museu Blau ist so weiträumig, dass man zu Fuß kapitulieren würde. Wer bis hierher noch nicht gebadet hat, kann es am sandfreien Strand zwischen Klärwerk und Sonnensegel tun. Kein Witz – die Kulisse ist wirklich eindrucksvoll.

Weitere Informationen

Streckenlänge: Rund 10 km insgesamt (Hin- und Rückweg).
Leihgebühren: 2 Std. ca. 6 €, 4 Std. 10 €, 24 Std. 16 €

Barcelona Rent a Bike, Passeig de Joan Borbó 35, Tel. 93 317 19 70, www.barcelonarentabike.com

Born Bike Tours Barcelona, Carrer de la Marquesa 1, Tel. 93 319 00 20, www.bornbikebarcelona.com

Budget Bikes hat diverse Filialen in der Stadt; strandnah liegt der Shop Jaume im Born-Viertel. Plaça de la Llana 3, Tel. 93 304 18 85,

Barcelona hat ein Herz für Radfahrer, das ist offensichtlich. Deshalb mangelt es auch nicht an Fahrradverleihern. Nur die rot-weißen Räder von bicing sind Bewohnern der Stadt vorbehalten.

Picassos und Pokale

Antoni Tapiès oder Joan Miró, Picasso, mittelalterliche Fresken oder Möbel von Antoni Gaudí – Barcelona ist eine Stadt der Kunst. Aber auch jenseits der großen, berühmten Museen lässt sich Spannendes entdecken. Ob Kurioses oder Kreatives, Kulinarisches oder Kultiges – fast alles hat mit Katalonien zu tun.

Im Museu Picasso sind auch die berühmten 44 Variationen zu sehen, die der Künstler zu Velázquez' Werk „Las Meninas" („Die Hofdamen", 1656) schuf.

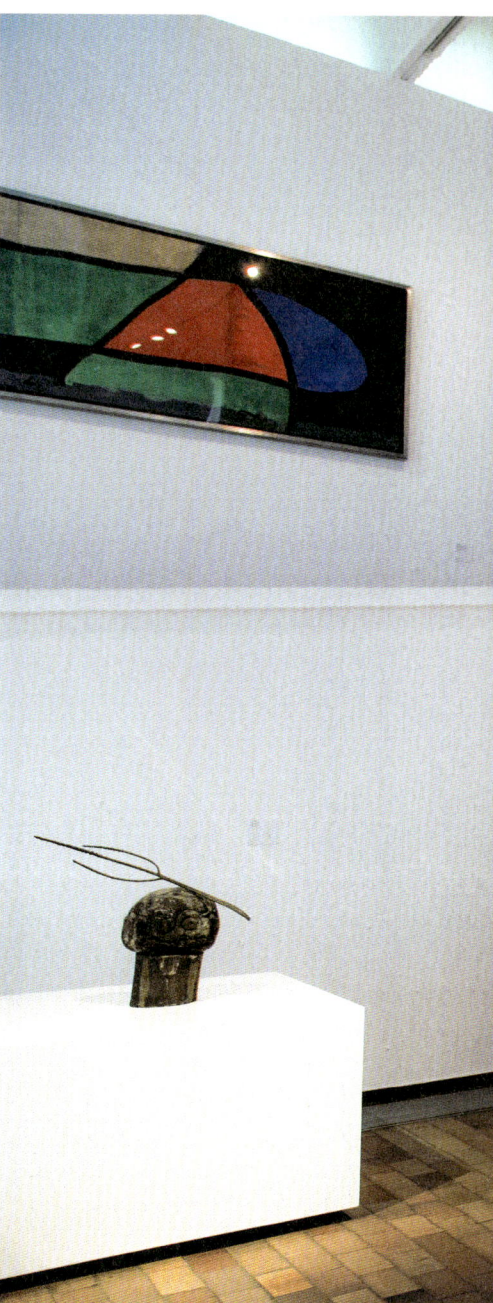

Besuchermagnet im MNAC: Picassos „Frau mit Hut und Pelzkragen" (1937), ein Porträt von
Marie-Thérèse Walter, ab 1927 die Geliebte des Künstlers und Mutter seiner Tochter Maya.

MNAC: Eisenskulpturen von Julio González (1876–1942),
einem Freund und Weggefährten Picassos.

Die Plastik „Couple d'amoureux aux jeux de fleurs d'amandier" von 1975 gehört zu den bedeutendsten Exponaten der Fundació Joan Miró.

Fundació Miró: Bemalte Bronzeskulptur „La caresse d'un oiseau" auf der Aussichtsterrasse.

An einem riesigen Mast vor dem Mercat del Born weht eine ebenso riesige Flagge. Was ist da los, fragt man sich und spaziert neugierig in die alte Markthalle des Ribera-Viertels. Doch statt auf gut gefüllte Stände schaut man auf Straßen und Mauerreste, die hier in einiger Tiefe freigelegt wurden. Dabei handelt es sich nicht um irgendwelche Ruinen, sondern um die Spuren eines Viertels, das von den damals neuen Machthabern in Madrid, den Bourbonen, nach 1714 abgerissen wurde. Dass an seine Stelle eine Zitadelle errichtet wurde, um die renitenten Barceloner unter Kontrolle zu halten, schmerzt überzeugte Katalanen bis heute – daher die riesige Flagge und die neue Funktion der alten Markthalle als historisches Museum.

Das künstlerische Erbe

Und wie sieht es bei der Kunst aus? Gibt es in Barcelona etwas, das mit dem Prado oder Louvre vergleichbar wäre? Nicht ganz, obwohl das Museu Nacional d'Art de Catalunya (MNAC) allein schon eine Reise in den Nordosten Spaniens wert ist. Am besten nähert man sich dem Museum von der Plaça d'Espanya aus und schreitet zwischen den beiden venezianischen Türmen hindurch auf das Gelände der Weltausstellung von 1929. Am Fuß des Montjuïc thront hier der Palau Nacional, in dem fünf Jahre nach der Weltausstellung das Museum für katalanische Kunst öffnete. Doch da kämpfte Spanien gerade gegen sich selbst, und die Werke mussten in Sicherheit gebracht werden. Nach dem Bürgerkrieg fanden General Franco und seine Bürokraten wenig Gefallen an der Idee eines Museums speziell für katalanische Kunst. Schließlich war Barcelona ein Bollwerk der Republikaner, und selbstbewusste Regionen waren Franco ein Graus. Erst seit 1990 sind hier rund tausend Jahre katalanische Kunst unter einem Dach vereint.

Mit einer Mischung aus Bedauern und Begeisterung mag man sich die Schätze der Romanik anschauen. Im Zuge der Renaixença, der katalanischen Renais-

Zur gotischen Abteilung des MNAC gehört eine Reihe der bedeutendsten Werke des katalanischen Malers Jaume Huguet (1412–1492).
Die Sammlung umfasst jedoch auch Werke aus anderen spanischen Regionen, Italien und Flandern.

Ursprünglich als Aushängeschild der Weltausstellung von 1929 erbaut, beherbergt der pompöse Palau Nacional mit seinem
hier zu sehenden, rund 2000 m² großen „Ovalen Saal" seit 1934 das MNAC.

Glanzstück des Museu Marítim ist ein Nachbau der Königlichen Galeere, mit der Juan de Austria als Anführer der venezianisch-spanischen Flotte 1571 bei Lepanto die Osmanen besiegte.

Hauptsache, die Wirkung stimmt: Neobarocker Nationalpalast am Fuße des Montjuïc.

Special

Cripta Gaudí

Schräg und genial

Vor den Toren der Stadt, in Santa Coloma de Cervelló, ist ein Meisterwerk von Antoni Gaudí zu bestaunen: die Cripta der Colònia Güell.
Es hat auch Vorteile, wenn einem nicht alles auf dem Silbertablett serviert wird. Die Colònia Güell liegt außerhalb des Liniennetzes von Bus Turístic und Metro. Man muss mit der Regionalbahn fahren und dann noch zehn Minuten zu Fuß gehen, deshalb hält sich der Andrang in angenehm überschaubaren Grenzen.

Im Auftrag von Eusebi Güell sollte Gaudí 1898 für die Arbeitersiedlung einer Textilfabrik eine Kirche bauen. Auch sie wurde nie vollendet, doch lassen sich anhand der Krypta und der Modelle die Prinzipien erkennen, die später in der Sagrada Família bestimmend wurden: Schiefe Säulen und vegetativ anmutende, sich selbst tragende Strukturen bilden die Statik eines Gebäudes, das mit seinem asymmetrischen Grundriss wie ein Teil der umgebenden Natur wirkt, als würde

Harmonisch und expressiv: Cripta Gaudí

die Kirche wie ein Baum aus ihm herauswachsen. Der Innenraum mutet geheimnisvoll an. Die Säulen aus grob behauenem Gestein, die Rippengrate der Gewölbedecke oder die ebenfalls von Gaudí entworfenen Bänke – all das ist harmonisch und expressiv. In keinem anderen Bauwerk lässt sich stärker nachempfinden, wie sehr Gaudís Kunst zum Ideengeber wurde – etwa für die organisch beeinflussten Architekturformen der Anthroposophen.

sance Ende des 19./Anfang des 20. Jahrhunderts wuchs das Interesse am Mittelalter. Die jahrhundertealten Wandmalereien in romanischen Kapellen vor allem der Pyrenäen hatten im Lauf der Zeit sehr gelitten, viele Kapellen drohten zu verfallen. Zwischen 1919 und 1923 entschloss man sich, einige der Fresken zu retten. Mit einer speziellen Technik löste man sie von den Wänden ab und verfrachtete sie nach Barcelona.

In der Stadt des Modernisme lohnt auch ein Blick in die Räume des 19. und frühen 20. Jahrhunderts. Als größter Maler seiner Zeit galt in Spanien Marià Fortuny, der mit der „Schlacht von Tetuan" im MNAC vertreten ist. Lluís Rigalt wird für manchen eine Entdeckung sein, ebenso wie Modest Urgell. Und dann sind da noch die Luministen von Sitges, zu denen Santiago Rusiñol zählt.

Picassos Lehrjahre

Rusiñol und Gleichgesinnte trafen sich um 1900 im Lokal Els Quatre Gats im Barri Gòtic. Dort lernte auch der 1881 geborene Pablo Ruiz Picasso Barcelonas Künstlerszene kennen. 1895 war der Junge mit seinen Eltern aus A Coruña hergezogen. Er trat in die Kunstakademie La Llotja (span. La Lonja) ein, wo auch sein Vater unterrichtete, und absolvierte bereits nach einem Jahr die Abschlussprüfung. Der Bildhauer Jaume Sa-

„Mai no he pintat àngels daurats" – ich habe niemals goldene Engel gemalt – lautet der Titel einer Ausstellung mit Werken der 1946 geborenen katalanischen Künstlerin Eulàlia Grau im Museu d´Art Contemporani de Barcelona (MACBA).

Der Kontrast zwischen der elegant anmutenden Architektur des 1995 eröffneten MACBA und dem seinerzeit verrufenen Raval-Viertel war eine bewusste Provokation.

Das Ausstellungszentrum CaixaForum wurde in eine ehemalige Textilfabrik integriert.

Museu Blau: Das dreieckige Gebäude von Herzog & de Meuron beherbergt Barcelonas naturwissenschaftliches Museum.

bartés wurde ihm ein Freund fürs Leben. Ihm ist auch die Gründung des Museu Picasso im Jahr 1963 im Carrer Montcada zu verdanken. In der gut bestückten Ausstellung sind einige Bleistiftzeichnungen aus der Kindheit in Málaga zu sehen, Landschaftsstudien aus A Coruña sowie das erste große Bild, das in Barcelona entstand: „Die Erstkommunion" (1896). Die sogenannte Blaue Periode begann um 1901: Picasso malte schmale Figuren, die aus einem ätherischen Blau auftauchen, Szenen voller Melancholie. Ein Höhepunkt der Sammlung ist „Las Meninas" („Die Hofdamen") von 1957, eine Serie mit 44 Gemälden, in der sich Picasso mit dem Werk Diego Velázquez auseinandersetzt.

Triumphe und Trophäen

Rund eine Million Besucher wollen jedes Jahr die Werke Picassos sehen. Noch viel mehr Menschen begeistern sich für funkelnde Pokale und ausgediente Fußballschuhe. Das Museum des FC Barcelona ist das meistbesuchte der Stadt. Rund 1,8 Millionen kamen zuletzt zum Camp Nou, dem Arbeitsplatz von Lionel Messi, Luis Suárez und Co.

Weil in der „Stadt der Wunder", so der Titel eines großartigen Barcelona-Romans von Eduardo Mendoza, immer wieder neue und spektakuläre Gebäude hingestellt werden, zieht auch mal die eine Sammlung nach hier und die andere nach da. So erging es vor Jahren dem naturwissenschaftlichen und geologischen

Museum, das aus dem Parc de la Ciutadella ins Museu Blau auf dem Fòrum-Gelände übersiedeln durfte. Aus dem Palau Reial de Pedralbes, der mittlerweile vom touristischen Radar verschwunden ist, sind das Keramik-, das Textil- und das Kunstgewerbemuseum ins Disseny Hub Barcelona gezogen. Das Designmuseum neben der Torre Agbar zeigt schon von außen, dass es in seinem Innern um Formgestaltung im weitesten Sinn geht. Was die Architekten Oriol Bohigas und David Mackay da entworfen haben, ist ebenso eigenartig wie faszinierend.

typischen Stil einer zeichenhaft-primitiv wirkenden Bildwelt.

Typisch katalanische Eigenheiten

Für Antoni Tàpies (1923–2012) galt das Motto: „Ein Bild ist ... nur eine Tür, die zu einer anderen Tür führt. Niemals werden wir die Wahrheit, die wir suchen, in einem Bilde finden." Seine Materialbilder sind verschlüsselt und wirken geheimnisvoll. Im Jahr 1984 gründete der gebürtige Barceloner eine Stiftung, in der neben seinen Arbeiten auch Wechselausstellungen zu sehen sind.

Barcelona ist, auch in der Kunst, eine „Stadt der Wunder".

Zeichen und Rätsel

Noch einmal zurück zum Montjuïc. Dort findet sich neben dem MNAC, dem Deutschen Pavillon von Mies van der Rohe, dem Archäologischen Museum und dem CaixaForum ein weiteres Highlight der Barceloner Museumslandschaft: die Stiftung Joan Miró. Mit 19 Jahren beschloss der Buchhalter Miró (1893–1983), doch lieber Künstler zu werden. In Paris lernte er die Malerei der Fauvisten und Kubisten kennen, seinen Landsmann Picasso und die Surrealisten um André Breton. Dessen Ideen der „automatischen Malerei" griff Miró auf und fand zu seinem

Picasso, Miró, Tàpies oder – ja, warum nicht – der FC Barcelona: Die sehenswertesten Museen stehen auf vielfältige Weise in Beziehung zu Katalonien. Und wenn hier schon von typisch katalanischen Eigenheiten die Rede ist, darf das Museu de la Xocolata mit seinen „köstlichen" Miniaturlandschaften aus Schokolade nicht fehlen. Auch das nostalgische Automatenmuseum in dem Vergnügungspark auf dem Tibidabo gehört hierher. Die mechanischen Orchester, Eisenbahnen und Clownspuppen bezaubern schon seit mehr als hundert Jahren Barcelonas Kinder und ihre Eltern.

Die schönsten Markthallen

Frischer Fisch und alte Geschichten

Die schönsten sind aus Glas und Stahl und wurden vor über hundert Jahren erbaut. Doch bei den rund 40 Markthallen Barcelonas geht es neben der Architektur vor allem darum, was sich in ihnen verbirgt: Obst und Gemüse natürlich, Fisch und Fleisch aus der Region sowie ganz viel Alltagsleben. Einige Märkte haben mit der Zeit andere Rollen übernommen – lassen Sie sich überraschen.

2 Mercat del Born

Die größte eiserne Markthalle macht schon von außen viel Eindruck. Doch im Innern erwartet den Besucher statt Obst und Gemüse eine Art Zeitmaschine. Der Boden unter der Halle wurde freigelegt, sodass man auf das Patchwork sandfarbener Straßen und Grundmauern schaut. Diese geben Einblick in das Barcelona aus der Zeit vor dem Jahr 1714 – bevor die Stadt von den Truppen der Bourbonen besiegt wurde.

Plaça Comercial 12, http://elbornculturai memoria.barcelona.cat

1 La Boqueria

Na klar, das ist *die* Markthalle an sich, der Bauch Barcelonas. Mit seinen mehr als 300 Ständen begeistert der Mercat de la Boqueria, der eigentlich Mercat de Sant Josep heißt, Chef- und Hobbyköche gleichermaßen, die hier nach besten Zutaten für ihre Kochkreationen suchen. Und sie ist das Ziel ungezählter Touristen, die nicht nur die prall gefüllten Auslagen mit Fisch, Fleisch und Gemüse, den verschiedensten einheimischen und exotischen Früchten, exquisitem Olivenöl, Honig, Käse und leckersten Süßigkeiten ins Kameravisier nehmen, sondern auch die geduldigen Verkäuferinnen und Verkäufer. Übrigens, man kann hier auch gut essen, wie es sich für einen richtigen Markt gehört: Gleich am Tresen und frisch zubereitet schmeckt's am besten.

Rambla 91, www.boqueria.info

3 Fira Bellcaire Encants Barcelona

Der alte Flohmarkt an der Plaça de les Glories bekam ein neues Zuhause. Typisch Barcelona: Statt praktischer Langeweile wurde den Händlern ein architektonisches Highlight beschert, mit schiefen Ebenen und einem spiegelnden Dach, in der sich die Stadt wie in einem Kaleidoskop bricht. Neben den echten Flohmarktständen im Zentrum werden auch Neuwaren angeboten, wie zum Beispiel Strümpfe, Stoffbahnen und Nähbedarf, Werkzeuge, Elektronikgeräte und manches mehr. *Desde un botón hasta un cañón*, sagen die Händler mit südländischem Humor, „vom Knopf bis zur Bartstoppel".

Avinguda Meridiana 69, www.encantsbcn.com

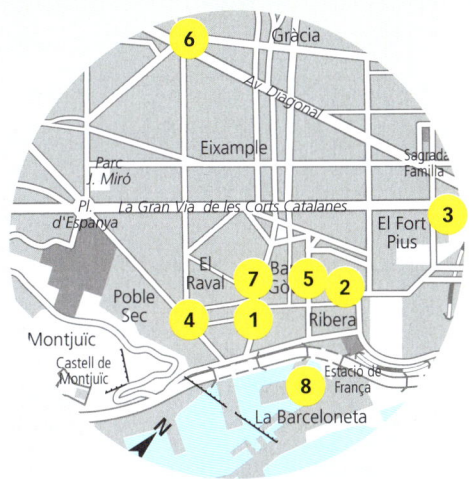

4 Dominical de Sant Antoni

Der Name sagt es schon: Dieser Markt findet nur am Sonntag statt. Der Bücherflohmarkt von Sant Antoni soll der größte der Welt sein. Das mag sein, sagt aber nichts über seinen Zauber aus. Nach alten Buchausgaben, Zeitschriften oder Postkarten zu stöbern macht Bücherfreunden riesigen Spaß. Die alte und ebenfalls riesige Markthalle wurde viele Jahre restauriert. Jetzt strahlt sie in neuem Glanz und mit großem Angebot an Fisch und Fleisch, Obst und Gemüse. Der Büchermark findet außerhalb statt.

C/ Comte d'Urgell 11, So. 8.30 – 14.30 Uhr, www.do minicaldesantantoni.com

5 Mercat Santa Caterina

„Was ist das?", fragen sich die Besucher auf der Aussichtsterrasse der Kathedrale. Ganz in der Nähe wabert eine bunte Welle durch die Stadtlandschaft. Das Wellending gehört zur Markthalle Santa Caterina und ist eine Mischung aus Kunstwerk und Dach, geschaffen von den Architekten Enric Miralles und Benedetta Tagliabue. Darunter gibt es Frisches vom Land und ein super Bistrot-Restaurant, die Cuines Santa Catarina.

Avinguda Francesc Cambó 16, www.mercat santacaterina.com

6 Mercat de Galvany

Keine Lust mehr auf weitere Glas-und-Stahl-Konstruktionen des 19. Jahrhunderts? Wie wäre es mit einer Markthalle im Modernisme-Stil? Der Mercat de Galvany im Stadtteil Sarrià-Sant Gervasi, 1927 eröffnet, ist einer der schönsten der Stadt. Drinnen gibt es das übliche vom Land und aus dem Meer sowie manchmal auch leckere Aktionen – etwa im Herbst, wenn an den Ständen geröstete Kastanien angeboten werden.

C/ Santaló 55, www.mercatgalvany.es

7 Mercat de les Flors Les Rambles

Blumenstände haben Tradition auf der Rambla. Schon seit 1853, sagen die Stadtchronisten, verkaufen die Blumenhändler ihre Ware auf dem Boulevard. Genauer gesagt ist es der Abschnitt auf Höhe des Palau de la Virreina und des Boqueria-Markts. Solange die Stände ihr Angebot an Schnittblumen, Zimmerpflanzen oder Sämereien nicht gegen das lukrativere Geschäft mit Souvenirs tauschen, bleibt Hoffnung für den berühmten Boulevard.

C/ la Rambla, 116

8 Mercat de la Barceloneta

Barceloneta ist ein Fall für sich. Mit der Altstadt oder dem Rest Barcelonas hat man nie viel zu tun gehabt. Und mit den Touristen, die seit airbnb und anderen Mietportalen in ihre bescheidenen Häuser einfallen, steht man auf Kriegsfuß. Die gelebte Solidarität unter Nachbarn sowie der Charme des Einfachen und Unverfälschten stehen auf dem Spiel. Wer danach sucht, findet dies zum Beispiel in der Markthalle des Stadtviertels. Zwar wurde die alte Eisenkonstruktion längst durch eine komplett neue ersetzt. Doch die Rolle der Markthalle als Treffpunkt und zentrale Versorgungsstation ist geblieben.

Pl. Font 1, www.mercatsbcn.cat

Museen für alle Sinne

Kunst früherer Jahrhunderte bis zur Gegenwart, Archäologie, historische Kutschen und Schiffe, Mode und Design, Religiöses, Alltägliches oder Kurioses – über fünfzig Museen hat die Mittelmeermetropole zu bieten. Internationales Renommee haben das Museu Picasso, die Fundació Miró und das Museu Nacional d'Art de Catalunya.

① – ④ Barri Gòtic

In Teilen des ehemaligen Königspalastes zeigt das ① **Museu Frederic Marès** (Pl. Sant Iu 5, Tel. 93 256 35 00, www.museumares.bcn.es; Di.–Sa. 10.00–19.00, So. 11.00–20.00 Uhr) Christus- und Marienfiguren der spanischen Romanik und Gotik, antike Kunst sowie Skulpturen des Bildhauers Marès, der ein großer Sammler war.

Fünf Meter unter der Plaça del Rei liegen die Reste des römischen Barcino; Fundamente der um 15 v. Chr. gegründeten Siedlung sind gut erkennbar. Der Rundgang im ② **Museu d' Història de Barcelona/MUHBA**, Conjunt Monumental de la Plaça del Rei (Tel. 93 256 21 00, www.museuhistoria.bcn.cat; Di.–Sa. 10.00 bis 19.00, So. bis 20.00 Uhr) führt weiter in den gotischen Herrschaftssaal, Saló del Tinell (1370), dessen Bögen enorm weit gespannt sind. Die Königskapelle Santa Àgata wurde 1302 erbaut.

Oben und rechts oben: Antike und Gotik vereint – im Museu Frederic Marès. Rechts unten: im Schokoladenmuseum kämpft Don Quixotte gegen die Flügel der Windmühlen, die wie er selbst aus Schokolade gemacht sind.

Jazz und Gaudí Tipp

Eine laue Nacht auf dem Dach von Gaudís Casa Milà, die Jazzcombo spielt, und im Glas perlt Cava: Die „Nits d'estiu – Jazz a la Pedrera", die Sommernächte mit Jazz in der Pedrera, sind ein stimmungsvolles Erlebnis.

INFORMATION
Ende Juni–Anf. Sept. ab 20.15 Uhr; Passeig de Gràcia 92, Tel. 90 2 20 21 38; Programm und Tickets bei der Touristinfo oder online: www.lapedrera.com

Etwa 350 Figuren der Geschichte erwarten den Besucher des Wachsfigurenkabinetts. ③ Zeitgenössische, meist spanische Kunst zeigt das **Centre d'Art Santa Mònica** (Rambla Santa Monica 7, www.artssantamonica.cat; Di.–Sa. 11.00–21.00, Nov.–März bis 20.00, So. 11.00 bis 19.00 Uhr). ④ **Museu de Cera** (Passatge de la Banca 7, Tel. 93 317 26 49, www.museocera bcn.com; Mo.–Fr. 10.00–13.30, 16.00–19.30, Sa./So. 11.00–14.00, 16.30–20.30, Sommer tgl. 10.00–22.00 Uhr) im herrschaftlichen Ambiente eines ehemaligen Bankhauses. Nett ist das verwunschene Feenwaldcafé „Bosc de les Fades".

⑤ – ⑥ El Raval

Als das strahlend weiße ⑤ **Museu d'Art Contemporani de Barcelona / MACBA** (Pl. Àngels 1, Tel. 93 412 08 10, www.macba.cat; Mo., Mi., Sa. 10.00–20.00, So. bis 15.00 Uhr) des Amerikaners Richard Meier 1995 eröffnet wurde, war der Kontrast zur Umgebung noch größer als heute. Die Sammlung vereint zeitge-

nössische katalanische und spanische Kunst etwa von Antoni Tàpies, Miquel Barceló, Eduardo Chillida, Jorge Oteiza oder Antonio Saura sowie Schlüsselwerke der Avantgarde des 20. Jh.; zudem werden anspruchsvolle Wechselausstellungen inszeniert.

Neben dem Museum für zeitgenössische Kunst (MACBA) ist das ⑤ **Centre de Cultura Contemporània de Barcelona / CCCB** (C/ Montalegre 5, Tel. 93 306 41 00, www.cccb.org; Di. bis So. 11.00–20.00 Uhr) das zweite Highlight des alternativen Raval-Viertels. In den Innenhof der ehemaligen Casa de la Caritat, eines Armenspitals aus dem 16. Jh., wurde ein Glasblock gestellt, den man über eine unterirdische Rampe betritt. Zu erleben sind Musik-, Literatur-, Film- und Kunstausstellungen meist urbaner Gegenwartskultur.

Die Welt der Seefahrt und ihre Geschichte in der Mittelmeerstadt Barcelona wird in den mittelalterlichen Werfthallen des ⑥ **Museu Marítim / MMB** (Drassanes Reials de Barcelona, Av. de les Drassanes, Tel. 93 342 99 20, www.mmb.cat; tgl. 10.00–20.00 Uhr, So. ab 15.00 Uhr gratis) lebendig. Ein Schmuckstück ist der Nachbau der Galeere von Juan de Austria in der Schlacht von Lepanto (1568).

7 – **8** La Ribera

Im Jahr 1963 öffnete das **7** **Museu Picasso** TOPZIEL (C/ Montcada 15–23, Tel. 93 256 30 00, www.museupicasso. bcn.cat; Di., Mi., Fr.–So. 9.00–20.30, Do. bis 24.00) im Palau Aguilar am Carrer Montcada, inzwischen hat es sich auf weitere historische Gebäudekomplexe ausgedehnt. Zu den gut 4000 Werken der Sammlung gehören neben den Malereien und Zeichnungen des frühen Picasso auch vereinzelte Arbeiten späterer Schaffensphasen wie der sogenannten Rosa und Blauen Periode sowie Keramiken, Lithografien und Radierungen.
Nur wenige Meter vom Museu Picasso entfernt überrascht ein prachtvolles Stadtpalais, das **7** **Museu Europeu d'Art Modern / MEAM** (Barra de Ferro 5, Tel. 93 319 56 93, www.meam. es; Di.–So. 10.00–19.00 Uhr), in dem vor allem figurative Kunst des 20. und 21. Jh. gezeigt wird. Auch Konzerte finden hier statt.
Beim Betreten des ehemaligen Convent de Sant Agustí Vell wird man von einem angenehmen Duft empfangen. Fast alle Exponate des **8** **Museu de la Xocolata** (C/ Comerç 36, Tel. 93 268 78 78, www.museuxocolata.cat; Mo.–Sa. 10.00–19.00, So. bis 15.00 Uhr) sind aus Scho-

Gut kombiniert

Tipp

Mit dem Articket kommt man für 35 € in die sechs wichtigsten Kunstmuseen der Stadt: MNAC, CCCB, Fundació Miró, Fundació Antoni Tàpies, MACBA und Museu Picasso. Wer die historisch-archäologischen Museen besuchen möchte – Museu d'Arqueologia de Catalunya, Museu Egipci, Museu d'Història de Barcelona, Museu Marítim –, spart mit dem Arqueoticket für 14,50 €. Beide gibt es an den Museumskassen oder bei der Touristinfo.

INFORMATION
www.articketbcn.org
www.barcelonaturisme.com

Effektvoll präsentiert: Geologie im Museu Blau im ehemaligen Fòrum-Gebäude (oben). Modernisme exemplarisch: Gaudís eigenwillig gestaltete Casa Batllo (rechts).

kolade, sei es eine Stierkampfszene, die Casa Milà oder die Schwarze Madonna von Montserrat. Im Café kann man die Schokolade kaufen, die nebenan hergestellt wird.

9 La Barceloneta

Die Geschichte Kataloniens bzw. der Region im Nordosten der Iberischen Halbinsel vermittelt das **9** **Museu d'Història de Catalunya** (Palau de Mar, Pl. de Pau Vila 3, Tel. 93 225 47 00, www.mhcat.cat; Di.–Sa. 10.00–19.00, Mi. bis 20.00, So. bis 14.30 Uhr) anschaulich.

10 – **13** Eixample

Die **10** **Fundació Antoni Tàpies** (C/ Aragó 255, Tel. 93 487 03 15, www.fundaciotapies.org; Di. bis So. 10.00–19.00 Uhr) zog 1990 in ein ehemaliges Verlagshaus ein, das 1885 von Lluís Domènech i Montaner erbaut worden war. Bekrönt wird es von einer Dachskulptur des Künstlers: Núvol i cadira („Wolke und Stuhl"). Zum Fundus gehören 300 Zeichnungen, Gemälde und Skulpturen aus allen Phasen, die von Teresa und Antoni Tàpies gestiftet wurden. Die bedeutende, wenn auch überschaubare Privatsammlung des **11** **Museu Egipci de Barcelona** (C/ València 284, Tel. 93 488 01 88, www.museuegipci.com; Mo.–Sa. 10.00–20.00, im Winter Mo.–Sa. 10.00–14.00 u.16.00–20.00, So. immer 10.00–20.00 Uhr) zeigt Exponate ägyptischer Kunst. Rund 350 Möbelstücke, Gemälde, Buntglasfenster und Figuren des Modernisme, u.a. von Antoni Gaudí, vereint die Ausstellung des **13** **Museu del Modernisme Català / MMCAT** (C/ Balmes 48, Tel. 93 272 28 96, www.mmcat. cat; Di.–Sa. 10.00–14,00, 16.00 bis 19.00, So. bis 14.00 Uhr).

14 – **17** Montjuïc

Im **14** **CaixaForum** (Av. Francesc Ferrer i Guàrdia 6–8, Tel. 93 476 86 00, www.fundacio.lacaixa. es; tgl. 10.00–20.00, Juli/Aug. Mi. bis 23.00 Uhr), einer 1911 vom Modernisme-Architekten Puig i Cadafalch erbauten ehemaligen Textilfabrik, finden heute neben sehenswerten Ausstellun-

gen auch Konzerte, Lesungen etc. statt.
Der Rang des **15** **Museo Nacional d'Art de Catalunya / MNAC** TOPZIEL (Palau Nacional, Parc de Montjuïc, Tel. 93 622 03 76, www.museunacional.cat; Mai–Sept. Di.–Sa. 10.00 bis 20.00, sonst bis 18.00, So. ganzjährig bis 15.00 Uhr) liegt in der Sammlung romanischer und gotischer Kunst begründet. Neben Tafelmalereien und Holzskulpturen, Kapitellen und anderen Steinarbeiten begeistern Fresken, die romanischen Kapellen der Pyrenäenregionen Kataloniens entnommen wurden. Gotische Retabeln sowie spanische Kunst des Barock, etwa von Diego Velázquez und Francisco de Zurbarán, sind ebenfalls bemerkenswert. Einen weiteren Schwerpunkt bilden Werke der aus Katalonien stammenden Künstler des 19. Jhs.
Die im **16** **Museu d'Arqueologia de Catalunya / MAC** (Pg. de Santa Madrona 39–41, Tel. 93 42 3 21 49, www.macbarcelona.cat; Di.–Sa. 9.30–19.00, So. 10.00–14.30 Uhr) präsentierten Funde aus den Grabungsstätten Kataloniens und stammen aus der Zeit der Iberer, der Römer und Karthager bis etwa ins 5. Jh. sowie der Westgoten.
Am Nordhang des Montjuïc, zwischen Palau Nacional und den Stationen des Funicular und des Telefèric, liegt eines der schönsten Museen der Stadt. Das von Josep Lluís Sert entworfene Gebäude der **17** **Fundació Joan Miró** TOPZIEL (Parc de Montjuïc, Tel. 93 443 94 70, www.fmirobcn.org; Apr.–Okt. Di.–Sa. 10.00–20.00, So. bis 18.00, Nov.–März Di.–Sa. 10.00–18.00, So. bis 15.00 Uhr) erlaubt immer wieder tolle Ausblicke über die Stadt. Joan Miró selbst gab 1975 den Anstoß zur Stiftung, die auch ein interessantes Ausstellungsprogramm zeitgenössischer Kunst zeigt.

● Jenseits des Zentrums

Der Klosterkomplex des **Monestir de Pedralbes** (Baixada del Monestir 9, Tel. 93 256 34 34, http://monestirpedralbes.bcn.cat; April–Sept. Di.–Fr. 10.00–17.00, Sa. bis 19.00, So. bis 20.00, sonst Di.–Fr. bis 14.00, Sa./So. bis 17.00 Uhr) mit weiträumigem Kreuzgang aus dem 14./15. Jh. ist ein einmaliges Ensemble der katalanischen Gotik. Das Museum des Klarissinnenklosters zeigt Kunstschätze, die im Lauf der Jahrhunderte von Bewohnerinnen gestiftet wurden. Das große Wissenschaftsmuseum **CosmoCaixa** (C/ Isaac Newton 26, Bus 60/Ronda de Dalt, 17, 22, 73, 75/Pl. John F. Kennedy, Tel. 93 212 60 50, www.fundacio.lacaixa.es; Di.–So. 10.00 bis 20.00 Uhr) in der Nähe der Talstation des Funicular del Tibidabo ist ein Museum „zum Anfassen", zum Mitmachen und Experimentieren, mit einem großen Regenwaldbiotop, Planetarium und Cafeteria.

Camp Nou Experience / Museu del FC Barcelona (Zugänge 7 und 9: Av. Joan XXIII, Zugang 14: C/ Aristides Maillol, Ⓜ Collblanc/L5, www.fcbarcelona.cat; Osterwoche und Sommerferien tgl. 9.30–19.30, April–Juni und Mitte Sept.–Okt. tgl. 9.30–19.00, Nov.–März Mo.–Sa. 10.00–18.30, So. bis 14.30 Uhr). Bei einer Tour durch das größte Stadion Europas werden u. a. die Trainerbank und die Kabinen besichtigt. Im Museum sind all die berühmten Spieler zu sehen, die für den FC Barcelona gekickt haben; Trophäen und Pokale glitzern, historische Siege flimmern in Endlosschleifen von den Monitoren. Die Tickets für das 1,5-stündige Barça-Erlebnis sind nicht billig; noch größer als das Museum ist der sich anschließende Fanshop. Das Designmuseum **Disseny Hub Barcelona / DHUB** (Pl. de les Glòries Catalanes 37, www.museudeldisseny.cat, Di.–So. 10.00–20.00 Uhr) begeistert schon von außen mit seiner Architektur und dem urbanen Umraum. Auf vier Etagen werden diverse Aspekte des Designs aus mehreren Jahrhunderten gezeigt, so finden sich in jeweils einer Etage Grafikdesign (1940 bis 1980), Textildesign (ab 1550), Kunsthandwerk (3.–20. Jh.) und Produktdesign (20. Jh). Unter dem Skelett eines Walfischs, der vor rund 150 Jahren in Barcelona gestrandet ist, betritt man die geologische und zoologische Sammlung des **Museu Blau** (Pl. Leonardo da Vinci 4–5, Tel. 93 256 60 02, http://museuciencies.cat; Di.–Sa. 10.00–19.00, So. bis 20.00, Nov. bis März Di.–Fr. 10.00–18.00, Sa. bis 19.00, So. bis 20.00 Uhr), die konzentriert und effektvoll in meist schwarzen Räumen präsentiert wird.

Turó de Rovira ist ein Freilichtmuseum im Stadtteil Carmel (Carrer de Maria Labernia, s/n, Bus: 119, V17, http://barcelona.cat/museuhistoria). Zu sehen sind Reste einer Bunkeranlage aus dem Spanischen Bürgerkrieg. Hier haben die Republikaner versucht, die Luftangriffe der Franco-Truppen abzuwehren.

Die ehemalige Arbeitersiedlung **Colònia Güell** (Santa Coloma de Cervelló, Tel. 93 630 58 07, www.gaudicoloniaguell.org; Mai–Okt. Mo. bis Fr. 10.00–19.00, sonst bis 17.00, Sa./So. ganzjährig bis 15.00 Uhr; Anfahrt mit dem Zug ab Plaça Espanya, Linien S 33, S 8 oder S 4, bis zur Station Colònia Güell; von dort ist der Weg beschildert) liegt etwa 15 km südl. von Barcelona. Antoni Gaudí wurde von Eusebi Güell mit dem Bau einer Kirche beauftragt. An der zum Welterbe der UNESCO gehörenden Krypta erkennt man wesentliche Bauprinzipien, die Gaudí später auch bei der Sagrada Família anwandte.

Genießen   Erleben   Erfahren

Häuser und Historien

DuMont Aktiv

Barcelona ist berühmt für seine Architektur und Stadtplanung. Auf welchen Traditionen bauen sie auf, und was tut sich aktuell? Das erfährt man bei einer Architekturführung.

Es spielt keine Rolle, ob man selbst Architekt oder Landschaftsplaner ist – oder ob man sich einfach für den Ort interessiert, an dem man sich befindet: Die meisten Besucher spüren sofort, dass die Stadt, ihr Aufbau und ihre Baustile etwas Besonderes sind. Sie bemerken ungewöhnliche Kontraste im Stadtbild, markante und mutige Gebäude, gelungene Verbindungen von Stadt und Meer, von Alltag und Tourismus.

Das von den Fachleuten so geschätzte neue Barcelona ist ab der Mitte der 1980er-Jahre entstanden, in der Zeit nach Franco und im Vorfeld der Olympischen Spiele. Aber auch frühere Epochen wie der Modernisme, die engagierte Raumplanung im Eixample, die katalanische Gotik oder auch die Industriearchitektur des ausgehenden 19. Jahrhunderts prägen die Stadt und sind Teil ihrer Eigenart. Das verständlich zu machen, die Stadtentwicklung in einen Kontext aus Kunst, Geschichte und Gesellschaft zu bringen, ist der Anspruch einer guten Architekturführung.

Weitere Informationen

Führungen zu Gotik und Modernisme bietet Barcelonas **Tourismusamt** an: www.barcelonaturisme.com

Eher an ein Fachpublikum richten sich die Führungen von **Guiding Architects Barcelona**: www.ga-barcelona.es

Ebenfalls von ausgebildeten Architekten wird man bei **Architours** durch die Stadt geführt: www.artchitectours.com

Für die katalanische Gotik steht das Museu Picasso (oben), für eine Moderne jenseits des Modernisme das Hotel W Barcelona.

Die Stadt auf der Zunge

Vor Jahren hat die spanische Avant-gardeküche die Haute Cuisine revolutioniert. Sie entwickelte sich vor allem in und um Barcelona, und noch immer ist die Mittelmeermetropole Motor für kulinarische Innovationen. Ob Tapaslokale für Feinschmecker, Fisch im Chiringuito, entspannte Cafés oder die Rückkehr zur bodenständigen Taverne – es gibt immer wieder Neues zu entdecken.

Tapas und Avantgardeküche in allen Ehren, aber Barcelona ist auch ein kulinarisches Paradies für Süßschnäbel.

An der Stelle des 1835 abgerissenen Convent de Sant Josep entstand zunächst ein Marktplatz, dann eine Markthalle. Ihr heutiges Aussehen hat die Boqueria seit 1914.

Wie in allen Markthallen Barcelonas gibt es in der Boqueria zahlreiche Bars und kleine Restaurants. Gehandelt wird hier nicht nur mit Lebensmitteln aller Art – auch Klatsch, Tratsch und das Neueste vom Tage stehen hoch im Kurs.

Wenige Schritte von der Rambla entfernt finden Feinschmecker in Barcelonas berühmtester Markthalle ein überwältigendes Angebot. Ob Fleisch, Wurst, Käse, Gemüse …

… oder Fisch und Meeresfrüchte: alles frisch aus der Region – und aus der ganzen Welt.

Auf den Fotos sehen sie aus wie Rockmusiker oder Startenöre: Joan, Jordi und Josep sind die Roca-Brüder. Ihr Restaurant El Celler de Can Roca in Girona wurde schon zweimal vom britischen „Restaurant Magazine" zum besten der Welt gekürt. 2019 ist es das achte Mal das beste Spaniens. Das Ranking sorgt Jahr für Jahr für medialen Wirbel. 900 Köche, Kritiker, Journalisten und Gastronomen gehören dem Gremium an, das aus einem sehr guten Koch einen göttlichen Meister machen kann. Ferran Adrià, dessen El Bulli gleich viermal in Folge als das Nonplusultra kulinarischer Kunst galt, wurde vom „Time Magazine" gar zu den hundert einflussreichsten Menschen der Welt gezählt. Dass das El Bulli in Roses an der Costa Brava nicht weiterhin auf einem der Spitzenplätze zu finden ist, liegt schlicht daran, dass es 2011 geschlossen wurde.

Revolution in der Küche

Nach der kulinarischen Revolution, die Ferran Adrià in der spanischen und internationalen Küche bewirkt hat, ist es um die sogenannte Molekularküche zuletzt sehr still geworden. Adrià selbst mochte den Begriff nie und hat ihn auch nie für sich verwendet, aber andere taten es. Das Garen mit Stickstoff, die berühmten Schäume, die überraschenden Ge-

schmackserlebnisse – all das brauchte einen Namen, und da kam der Begriff „Molekularküche" gerade recht. Heute redet kaum noch jemand davon, dennoch gibt es sie, auch im Celler Can Roca. Hier arbeitet Joan Roca wie Adrià mit Wissenschaftlern zusammen, tüftelt an neuen Kombinationen oder Methoden, vergisst dabei aber nicht seine Heimat und das, was sie hervorbringt. Avantgarde und Tradition, das dürfen seine Gäste erwarten.

Unbestrittener Fixstern

Auch wenn der Celler Can Roca neunzig Kilometer entfernt liegt – Barcelona ist das unbestrittene kulinarische Zentrum, der Fixstern, um den alles kreist, was mit katalanischer Küche zu tun hat. Nir-

geliefert werden. La Boqueria ist einzigartig, ein wundervoller Ort für alle, die gern kochen und essen. Doch leider nicht nur für die. Von den Rambles strömen Besuchermassen in die Halle, und weil die praktisch verpackten Fertigobstsalate so gut bei ihnen ankommen, türmen sie sich an vielen Ständen. Fast möchte man da die traditionellen, noch originalen Bars und Geschäfte verschweigen, etwa die Granjas, wo man frische Joghurts und dickflüssige Schokolade bekommt, oder die alten Eisdielen, in denen die erfrischende *horchata* gemacht wird, die Erdmandelmilch nach arabischem Rezept. Aber das wäre auch wieder unfair. Man kann nur hoffen, dass La Boqueria überleben wird.

Ein wundervoller Ort für alle, die gern kochen und essen.

gendwo sonst wird das so deutlicher wie in der ältesten Markthalle der Stadt, La Boqueria. Mehr oder weniger alles, was es an Land und im Wasser an Essbarem geben mag, findet sich an einem der Stände. Zu den Produkten der Region kommen noch die exotischen, die per Flugzeug oder Schiff aus fernen Ländern

Mit frischen Zutaten vom Markt, einfach und ehrlich, arbeiten auch die Cuines de Santa Caterina in der gleichnamigen Markthalle in der Nähe der Kathedrale. Das Lokal mit der modernen Holzeinrichtung gehört ebenso zur Restaurantgruppe Tragaluz wie der noch neue Chiringuito Pez Vela. Trotz seiner Lage am Strand von

Caelum heißt auf Lateinisch „der Himmel", und himmlisch gut schmecken die in spanischen Klöstern hergestellten süßen Köstlichkeiten, die man im gleichnamigen Laden im Judenviertel El Call kaufen oder im Gewölbekeller aus dem 14. Jahrhundert direkt vor Ort probieren kann, in der Tat.

Granjas sind eine Institution in Barcelona. In den Milchbars, wie hier in der Granja M. Viader, genießt man dickflüssige heiße Schokolade.

Noch eine Institution: die Pasteleria (Konditorei) Escribà, hier die Filiale an der Rambla.

Ferran Adrià

Special

Was macht der Magier?

Mit dem El Bulli hat Ferran Adrià Gastronomiegeschichte geschrieben. Dann zog er sich in ein geheimnisvolles gastronomisches Forschungslabor zurück. Jetzt meldet er sich zurück mit einem Projekt, auf das viele gewartet haben.

Wenn Ferran Adrià etwas macht, rennt man ihm die Bude ein. Sogar wenn er selbst gar nicht in der Küche steht. Es ist der Bruder des „Magiers", wie ihn seine Fans ehrfürchtig nennen, Albert, der das ungewöhnliche Tapaslokal, die Tickets Bar in Barcelona, leitet. Aber Ferran Adrià steht beratend zur Seite, und das reicht für einen Hype. Hier ergattert man fast so schwer einen Platz wie einst im El Bulli, wo auf maximal 8000 zu vergebende Plätze bis zu 2 Mio. Reservierungsanfragen pro Jahr kamen. Seit 2011 ist der Meister mehr oder weniger aus der Öffentlichkeit verschwunden. Adrià hatte sich in sein geheimnisumwittertes Forschungslabor Bullilab zu-

Hat große, nein, Megapläne: Ferran Adrià

rückgezogen, das irgendwo am Fuß des Montjuïc liegt, in der Nähe der Tickets Bar. Mit einem Künstler, einem Botaniker, einem Kochhistoriker und noch einigen anderen bastelt er an einem Megaprojekt, über das noch nicht viel mehr bekannt wurde, als dass es wohl eine Art allumfassende Kochhistorie werden soll. Anfang 2019 überraschte er mit einer ganz anderen Ankündigung. Das El Bulli soll 2020 wieder aufmachen.

La Barceloneta, beim spektakulären Luxushotel W, setzt man auch hier auf entspannte Atmosphäre mit bezahlbarem Seafood. Die Paella ist richtig gut.

Tapas und Tavernen

Die exklusiven Sternerestaurants gibt es natürlich auch. Etwa das Moments im superedlen Hotel Mandarin Oriental am Passeig de Gràcia oder das Abac am Tibidabo, mit tollem Blick über die Stadt. Doch der Trend geht in eine andere Richtung. Carles Abellan etwa, der unter anderem im El Bulli sein Handwerk lernte, gehörte zu den Ersten, die ihre exquisiten Kleinigkeiten nicht nur in einer ellenlangen Menüfolge, sondern auch als erschwingliche Tapas servieren wollten. Das Ergebnis hieß Tapas 24. Mittlerweile hat der Mann mehrere Lokale eröffnet. Angesagt sind schon seit einiger Zeit Lokale, die wie einfach wirkende Tavernen wirken: klein, einfache Holztische ohne Tischdecken. Auch das, was aus der Küche kommt, sieht auf den ersten Blick einfach aus. Doch der Eindruck täuscht. Das Exklusive steckt hier in den ausgezeichneten Zutaten, der kreativen Zubereitung, die Rustikales mit irgendeinem überraschenden Twist kombiniert. Das Suculent im Raval ist so ein Lokal. Toni Romero, auch ein Adrià-Schüler, ist ein Vertreter dieses „reinen Geschmacks".

Die Bandbreite an Tapas-Variationen ist riesig, angefangen vom schlichten Schälchen mit Oliven bis hin zu aufwendigen Minigerichten wie hier im Taller de Tapas, der „Tapas-Werkstatt".

Im Tapas 24 (Eixample) zeichnet Sternekoch Carles Abellan, ein Schüler von Ferran Adrià, für die köstlichen und doch erschwinglichen Kleinigkeiten verantwortlich.

Hummer-Tartar mit knusprigem Hähnchen oder Krebs mit Kaninchenhirn klingen exotisch, sind aber Variationen der typisch katalanischen Kombination von Fisch und Fleisch.

Kleine Tapaslokale und Restaurants, in denen kreative Köstlichkeiten in einem Rahmen serviert werden, als sei man bei Freunden eingeladen, sind gerade angesagt. So im neuen Trendviertel im Poble Sec am Fuß des Montjuic wie auch im Genießerviertel La Ribera.

Süße Kunst

Das Museu de la Xocolata erklärt nicht nur die Geschichte der Schokolade, hier werden auch angehende Schokolatiers geschult. Im 16. Jahrhundert schlürfte man am spanischen Hof heiße Schokolade, im 18. Jahrhundert tauchten in Ka-

„Die Küche eines Landes ist seine Landschaft im Topf."

talonien die ersten Chocolatiers auf, die *xocolater*. Um die Jahrtausendwende entwickelten Schokokünstler wie Carles Mampel eine neue süße Hochkultur. Seine kleine, feine Patisserie liegt gegenüber der Kirche Santa Maria del Mar. Die süßen Teilchen – etwa die Xabina, ein Halbrund aus Olivenölteig, Eigelb, Schokoladenmousse und Vanille – schmecken himmlisch.

Typisch katalanisch

„Die Küche eines Landes ist seine Landschaft im Topf", schrieb der katalanische Schriftsteller Josep Pla (1897–1981). Das bedeutet erst einmal Vielfalt: die Einflüsse der spanischen Regionalküchen, die mit den Einwanderern in den Nordosten des Landes kamen, die Einflüsse aus Frankreich und Italien. Ungewöhnlich die Kombinationen von Fisch und Fleisch, die auf Katalanisch *mar i muntanya* heißen, also Meer und Gebirge. Was die Gastronomie betrifft, ist Barcelona ein Schmelztiegel der Aromen und Genüsse.

Auch in der urigen Cava-Bar Xampanyet im Ribera-Viertel bilden die feinen, kleinen Leckereien die Grundlage, auf der das Glas Schaumwein zum Feierabend besonders gut mundet.

Der Himmel hängt voller – Schinken! Jedenfalls hier im Traditionsrestaurant Casa Alfonso am Carrer de Roger de Llúria (Eixample).

CAVA

Prickelndes aus dem Keller

*Mehr als neunzig Prozent der spanischen Schaumweine kommen
aus dem Penedès. Der Höhenflug des Cava-Weins begann um 1900.
In Sant Sadurní d'Anoia kann man erleben, wie er entsteht.*

Die Bar des Vinseum hat zu dieser Zeit eigentlich noch geschlossen, dennoch zieht ein verlockender Duft durch den Innenhof des Weinmuseums von Vilafranca del Penedès. In der Küche bereitet der Koch gerade Tapas vor, dazu wird er an diesem Tag einen Rosé reichen, und zwar einen Schaumwein. „Cava zum Essen", meint der Koch, „ist hier überhaupt nicht ungewöhnlich." Zumindest hier im Penedès ist der nach der Champagnermethode gekelterte Schaumwein nicht nur als Aperitif und bei Hochzeiten beliebt, sondern auch ein Stück Alltag. Das zeigt sich nicht zuletzt darin, dass etwa die Hälfte der gesamten Produktion in Katalonien konsumiert wird.

Dutzende Weinkellereien

Keine andere Region Spaniens ist so sehr mit dem prickelnden Wein verknüpft wie die zwischen Barcelona, Tarragona und dem Montserrat-Gebirge. Auf etwa siebzig Prozent der Anbauflächen wachsen die typischen Cava-Sorten Macabeu, Xarel·lo und Parellada. Als einer der Erfinder des Schaumweins gilt der französische Benediktinermönch Dom Pérignon (1638–1715). Schäumende Weine gab es wahrscheinlich schon früher, doch erst mit der Abfüllung in Flaschen und dem sicheren Verkorken war eine Methode gefunden, die dem Druck der zweiten Gärung standhält.

Die große Stunde des Champán bzw. Xampany, wie er bis zum EU-Beitritt Spaniens im Jahr 1986 genannt wurde, schlug im ausgehenden 19. Jahrhundert. Nach der Reblausplage, die erst Frankreich, dann Spanien heimgesucht hatte, wuchs die Produktion rasant: von 200 000 Flaschen im Jahr 1900 auf eine Million nur zwanzig Jahre später. Fast alles, was schäumt, kommt aus dem Städtchen Sant Sadurní d'Anoia, fünfzehn Kilometer nördlich von Vilafranca. Dutzende Kellereien kann man hier besuchen. Den Markt beherrschen Cordoníu und Freixenet, deren Keller tief ins kreidehaltige Erdreich gegraben wurden. Marktführer Freixenet produziert jährlich rund 18 Millionen Flaschen.

Am Ende darf probiert werden

Auch wenn nur noch ein kleiner Teil wie einst von Hand gerüttelt wird, sind doch alle Cavas nach der Champagnermethode hergestellt. Kategorisiert werden sie nach der Restsüße, von Brut Natural mit weniger als drei Gramm Restzucker pro Liter über Extra Brut, Brut, Extra Sec, Sec und Semi Sec bis Dolç mit mindestens fünfzig Gramm Restzucker. Ein Cava, der achtzehn Monate in der Flasche gereift ist, darf sich Reserva nennen, bei einem Gran Reserva müssen es dreißig Monate sein. Und egal welche Kellerei man sich ausgesucht hat – am Ende jeder Besichtigung darf probiert werden.

Ganz oben: in Barcelonas berühmter Sektbar Xampanyaria Can Paixano.
Oben: Sant Sadurní d'Anoia: Weinprobe im Ambiente einer Kathedrale.

Den Besuch des Weinbaumuseums in Vilafranca del Penedés kann man mit einer Verkostung abschließen.

Vinseum

Das Museu de les Cultures del Vi de Catalunya öffnet Mai–Sept. Di.–Sa. 10.00–19.00, Okt–April Di.–Sa. 10.00 bis 14.00 und 16.00-19.00 Uhr, die Taverna de Vinseum hat bis 23.00 bzw. 24.00 geöffnet, Montag ist Ruhetag.

Plaça Jaume I 5, Vilafranca del Penedès, Tel. 93 890 05 82, www.vinseum.cat

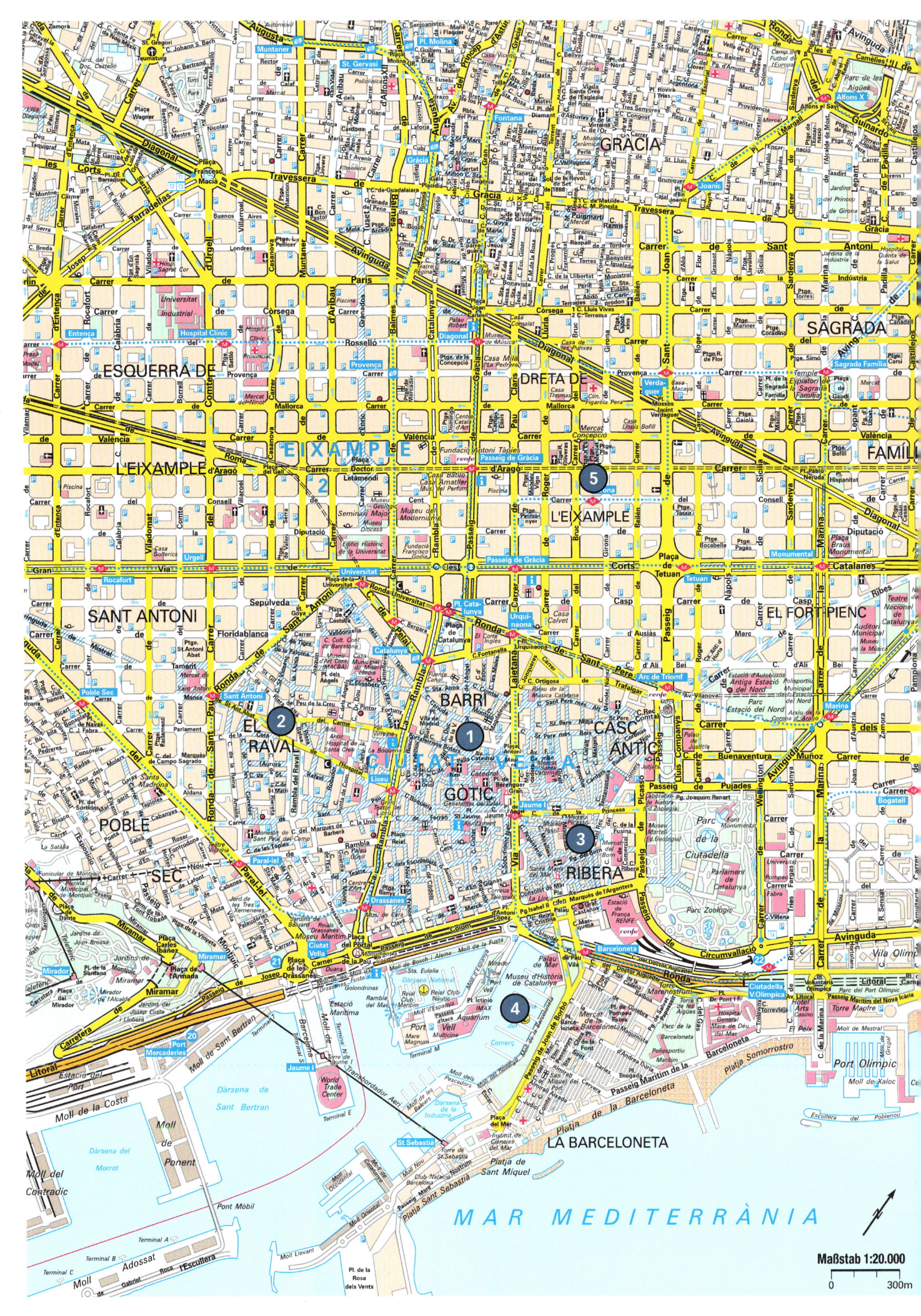

Am Tag und in der Nacht

Das Land über den Gaumen kennen lernen, die kulinarische Kultur, in der sich Einflüsse aus Frankreich mit klassisch Spanischem und Katalanischem mischen – Barcelona ist eine Stadt für Feinschmecker. Und für Nachtschwärmer: Durch die Tapasbars ziehen, in coolen Clubs einen Cocktail genießen oder tanzen – das ist spanische Lebenslust.

❶ Barri Gòtic

CAFÉS, BARS, RESTAURANTS

€ € **Agut,** C/ Gignàs 16, Tel. 93 315 17 09, So.-abend und Mo. geschl. Die gepflegte, familiäre Atmosphäre und die köstliche katalanische Küche machen das bald hundert Jahre alte klassische Lokal zu einem der Lieblingsrestaurants im Gotischen Viertel.

€ € **Cafè de l'Òpera,** La Rambla 74, Tel. 93 317 75 85, www.cafeoperabcn.com. Gegenüber dem Opernhaus, dem Gran Teatre del Liceu, ist das Traditionscafé eine Oase der Ruhe und Nostalgie im Getümmel der Rambles.

Oben: Im Els Quatre Gats ließ es sich schon Picasso schmecken. Rechts oben: Neues vom Tage – und dazu ein paar leckere Happen (im Cerveseria Catalana, Raval). Rechts unten: „sphärisierte" Oliven gehören zu den Finessen ausgeklügelter Molekularküche.

Tipp

Kochen wie ein Katalane

Warum nicht selbst lernen, wie man köstliche Tapas zaubert oder die Klassiker der katalanischen und spanischen Küche zubereitet? Ein Kochkurs in der Hochburg des Genusses ist eine bereichernde Erfahrung. „Cook & Taste" bietet Halbtageskurse auf Englisch für 65 € an. 2-3 Stunden dauern die Kurse von The Paella Club. Neben Paellas kann man auch lernen, Cocktails zu mixen oder Schinken zu schneiden.

INFORMATION

Cook & Taste, C/ Paradís 3, Tel. 93 302 13 20, www.cookand taste. net; The Paella Club, C/ Doctor Dou 5, Tel. 67 22 7 22 76, https://thepaellaclub.com

Je nach Tageszeit wechseln hier das Publikum und die Atmosphäre.

€ € **Can Culleretes,** C/ Quintana 5, Tel. 93 317 30 22, www.culleretes.com; So.-abend und Mo. geschl. Wie schön, dass es noch solche Lokale in der Altstadt gibt. Das älteste Restaurant Kataloniens lockt mit traditioneller Küche.

€ € **Els Quatre Gats,** C/ Montsió 3, Tel. 93 302 41 40, www.4gats.com. Das Jugendstillokal, in dem auch der junge Picasso zu finden war, ist eine touristische Institution. Reinschauen lohnt trotzdem und die *raciones* sind wirklich gut.

€ **Granja La Pallaresa,** C/ Petritxol 11. Diese Milchbar ist ein wunderbar altmodisches, einfaches Lokal, wo man es sich bei Mandelmilch oder *chocolate con churros* wohl sein lässt. Einige Häuser weiter, in der Granja Dulcinea, ist es ähnlich gut.

EINKAUFEN

Bei **Caelum** (C/ Palla 8) im ehemaligen Judenviertel Call gibt es süße Spezialitäten aus Klöstern, aber auch Tees und Hochprozentiges. Von den Portugiesen sagt man, sie könnten den Bacalao, den Stockfisch, auf tausend und eine Art zubereiten; das Grundmaterial führt die **Casa del Bacalao** (C/ Comtal 8). Die besten Käse Spaniens bekommt man samt Beratung in der **Formatgeria La Seu** (C/ Dagueria 16). Im Carrer Ample 28 kann man zusehen, wie Bonbons gemacht werden; die *caramels artesans* von **Papabubble** (C/ Ample 28) sind dann auch gleich ein kleines Souvenir.

AM ABEND

Eine Café-Bar für alle Gelegenheiten ist das **Schilling** (C/ Ferrán 23). Später kann man die Plaça Reial ansteuern, wo im **Jamboree Dance Club** (Plaça Reial 17) seit einem halben Jahrhundert Jazz gespielt wird. In der Hausnummer 13–15 lässt es sich im schönen Ambiente des **Ocaña** nicht nur gut essen, sondern zu späterer Stunde auch tanzen. Jazz live gibt's auch im **Harlem** (C/ Comtessa de Sobradiel 8).

❷ El Raval

CAFÉS, BARS, RESTAURANTS

€ € € **Dos Palillos,** C/ Elisabets 9, Tel. 93 304 05 13, www.dospalillos.com; So., Mo. geschl. Trotz Sterneküche kein steifes Restaurant; man sitzt sozusagen am offenen Herd, wo Albert Raurich und Kollegen Fernöstliches mediterran interpretieren. Neben köstlichen Tapas kann man ein Degustationsmenü (ab 75 €) wählen.

€ € **Bar Pinotxo,** Mercat de la Boqueria, Stand 466–470, La Rambla 89, www.pinotxobar.com. In der berühmtesten Bar im Boqueria-Markt herrscht meist dichtes Gedränge. Die Barceloner Institution serviert marktfrische Tapas.

€ € € € **Tickets Bar,** Av. Parallel 164, Reservierung nur unter https://elbarri.com/restaurant/ tickets. In der Tapasbar von Ferràn und Albert Adrià schwelgt man in anspruchsvollen Tapaskreationen – sofern man rechtzeitig reserviert.

EINKAUFEN

Alles was das Herz bzw. der Magen an Obst, Gemüse, Fisch und Fleisch begehrt, gibt es in der bekanntesten Markthalle der Stadt, dem **Mercat de la Boqueria TOPZIEL** (Rambla 91).

AM ABEND

Die Cocktailbar **Boadas** (C/ Tallers 1) hat sich seit den 1940er-Jahren nicht mehr verändert. In nostalgischen Gefühlen kann man auch im **Pastis** (C/ Santa Mónica 4), in der Jugendstilbar **London** (C/ Nou de la Rambla 34) und der Bar **Marsella** (C/ Sant Pau 65) schwelgen, wo einst Hemingway verkehrte. Tanzen zu elektronischen Beats, dafür steht das **Moog** (C/ Arc del Teatre 3). Ebenfalls elektronische Musik, aber auch andere Stilrichtungen werden im Technoklassiker **Sala Apolo** (C/ Nou de la Rambla 113) aufgelegt.

Ticket für die Nacht

....

Mit der Barcelona NightCard hat man zwei oder sieben Tage lang freien Eintritt in mehr als 20 Clubs und Diskotheken. Mit dabei sind Otto Zutz, Moog, Soho, Sutton, The Room …

INFORMATION
10 € für 2 Tage.
Mindestalter 18 bzw.
21 Jahre, je nach Club.
www.barcelonanightcard.com

Auf Monate hinaus ausgebucht: Tickets-Bar der Adrià-Brüder Ferran und Albert (oben). Rechts: Heiße Tage an der Strandpromenade in La Barceloneta.

❸ La Ribera / El Born

CAFÉS, BARS, RESTAURANTS

€ € **Cafe Kafka,** C/ Fusina 7, Tel. 93 315 17 76, www.cafekafka.es; Mo. geschl. Im schönen Interieur mit Design- und Vintageelementen beim Mercat del Born wird eine gute, auch gut aussehende mediterrane Marktküche serviert.

€ € **Cal Pep,** Plaça de les Olles 8, Tel. 93 310 79 61, www.calpep.com; Sa.-mittag bis Mo.-mittag geschl. Frisches aus dem Meer, einfach und lecker zubereitet, genießt man entweder direkt am Tresen oder im Restaurant.

€ / € € € **Cuines Caterina,** C/ Francesc Cambó 16, Tel. 93 268 99 18, www.grupotra galuz.com; Sa., So.-mittag, Do.- und Fr.-abend geschl. Frisches vom Markt, Fisch, Gemüse und Fleisch werden auf Holzkohle gegrillt, mediterran oder asiatisch zubereitet.

€ / € € € **Sagardi**, Argenteria 62, Tel. 93 319 99 93, www.sagardi.com. Wenn man noch unschlüssig ist, auf was man Appetit hat, ist die Bar des baskischen Lokals perfekt. Köstliche Tapas warten hinter dem Glastresen. Edler und für sein köstliches Grillfleisch bekannt, ist das Restaurant gleich nebenan.

€ € **La Vinya del Senyor,** Plaça Santa Maria 5, Tel. 93 310 33 79, www.facebook.com/vinyadel senyor. Die Weinbar bleibt eine der schönsten Adressen im Ribera-Viertel.

€ / € € **El Xampanyet,** C/ Montcada 22, Tel. 93 319 70 03; So.-abend und Mo. geschl. Die einfache Champagnerbar ist seit Jahren ein beliebter Treff, um nach der Arbeit bei einem Gläschen Cava den Abend einzuläuten. Wenn es im kleinen Lokal zu eng wird, nimmt man Glas und Tapastellerchen mit nach draußen.

EINKAUFEN

Die **Vila Viniteca** (C/ Agullers 7) ist einer der führenden Feinkostläden der Stadt. **La Botifarreria** (C/ Santa Maria 4) macht aus der bodenständigen *botifarra* eine Delikatesse. Unter der Glastheke des **Bubó** (C/ Caputxes 10) lagern wunderbare Patisserien von Carles Mampel.

AM ABEND

Anlaufpunkt ist der Passeig del Born hinter der Kirche Santa Maria del Mar. Dort schaut man in die Bar **Miramelindo** (Pg. del Born 15) hinein, oder man zieht gleich weiter ins **Paradiso** (C/ Rera Palau 4) mit leckeren Pastrami-Sandwiches und erstklassigen Cocktails.

❹ La Barceloneta und Port Vell

CAFÉS, BARS, RESTAURANTS

€ € / € € € **Agua,** Passeig Marítim de la Barceloneta 30, Tel. 93 225 12 72, www.grupotraga luz. com. Hübsches Strandlokal mit mediterranen Klassikern kurz vor dem Olympiahafen.

€ € / € € € **Pez Vela,** Passeig del Mare Nostrum 19, Tel. 93 221 63 17, www.grupotragaluz. com. Spezialität des Chiringuito (Strandlokal) unterhalb des Hotel W sind Salate und Paellas.

€ € **Vaso de Oro,** C/ de Balboa 6, Tel. 93 319 30 98, www.vasodeoro.com; Craft Beer ist auch in Barcelona angesagt, in der schmalen Traditionsbar bekommt man Selbstgebrautes zu leckeren Tapas.

€ / € € **Taberna Iberica,** C/ Almirall Churruca 4, Tel. 93 225 36 55. Hier erlebt man eine Zeitreise ins alte Spanien, auch kulinarisch: einfach, aber sehr lecker.

Granja

....

Granja – Milchbars – sind ein entspannter Ort, an dem man heiße, dickflüssige Schokolade, Gebäck, Mandelmilch oder Joghurt genießt. Schauen Sie mal hinter dem Bocaria-Markt in der Granja M. Viader vorbei. Dort herrscht in der Regel weniger Andrang als anderswo, und die Auswahl ist exzellent.

INFORMATION
Granja M. Viader, Carrer Xuclà 4–6, www.granjaviader.cat

Tipp

Tipp

€ / € € **Can Paixano,** C/ Reina Cristina 7, Tel. 93 31008 39, www.canpaixano.com; So. geschl. In der Champagnerbar beim Alten Hafen werden auf kleinstem Raum viele Menschen glücklich.

AM ABEND

Zum **Gran Casino de Barcelona** (C/ Marina 19–21) am Olympiahafen gehört auch eine Disko. Das **CDLC** ist ein Restaurant und eine Loungebar, ebenso wie das **Shôko** und das **Opium,** die alle drei am Passeig Marítim liegen. Weitere Bars finden sich im Olympiahafen; die Cocktailbar mit der besten Aussicht der Stadt ist im Hotel W und heißt **Eclipse**.

❺ Eixample

CAFÉS, BARS, RESTAURANTS

€ / € € **Cerveceria Catalana,** C/ Mallorca 236, Tel. 93 216 03 68. In und vor dem Tapaslokal herrscht meist großer Andrang. Auswahl und Qualität der Tapas sind ausgezeichnet, auch die Preise gehen in Ordnung.

€ € € **La Gresca,** C/ Provença 230, Tel. 93 451 61 93, Sa. mittags und So. geschl., www.gresca. net. Mit köstlichen Kreationen und einer familiären Atmosphäre lockt das kleine Restaurant die Gourmets in Scharen an.

€ € **La Palmera,** C/ Enric Granados 57, Tel. 93 453 23 38, www.lapalmera.cat. Unkompliziert, familiär und gut – so ein nettes kleines Restaurant möchte man in seiner Nachbarschaft haben.

€ € € € **Moments,** Passeig de Gràcia 38–40, Tel. 93 151 87 81, www.mandarinoriental.com. Für das Restaurant des Luxushotels Mandarin Oriental komponiert die Sterneköchin Carme Ruscalleda *Nova cuina catalana,* die ihren Preis hat.

€ / € € **Tapas 24,** C/ Diputació 269, Tel. 93 488 09 77, www.carlesabellan.com; Sternekoch Carles Abellan sieht in seinem populären Tapas 24 eine Hommage an die leckeren Kleinigkeiten des Alltags.

EINKAUFEN

Die besten Chocolatiers findet man im Eixample: **Oriol Balaguer** (Plaça de Sant Gregori Taumaturg 2) und **Escribà** (Gran Via de les Corts Catalanes 546). Letzteres ist auch ein angenehmes Café mit sehr guter Auswahl an leckersten Patisserien. Ein wunderbares Feinkostgeschäft im alten Stil ist **Queviures Murrià** (C/ Roger de Llúria 85).

AM ABEND

In der Casa Fuster, erbaut von Luis Domènech i Montaner, findet sich das elegante **Café Vienés** (Passeig de Gràcia 132). Klassisch, mit viel Holz und schweren Ledersesseln präsentiert sich das **Dry Martini** (C/ Aribau 162–166). Nicht nur Salsatänzer freuen sich am **Agua de Luna** (C/ Viladomat 211). Salsa und Pop stehen auch im Club **Luz de Gas** (C/ Muntaner 246) auf dem Programm, der das stimmungsvolle Interieur eines ehemaligen Theaters nutzt. **Otto Zutz** (C/ Lincoln 15) ist ein schicker Nachtclub, der eigentlich schon im Gràcia-Viertel liegt und sich auf drei Etagen einer ehemaligen Textilfabrik erstreckt.

Die Nacht lebt

DuMont Aktiv

Unten leuchtet die Stadt, und auch im ewigen Schwarz, dort wo das Meer ist, funkeln die Lichter vereinzelter Boote. Die Eclipse Bar im 26. Stock des W-Hotels hat eine spektakuläre Aussicht. In der Nähe des W lohnt ein Abstecher zum Passeig Marítim von La Barceloneta; dort ist ab Donnerstag – vor allem in der warmen Jahreszeit – immer viel los. Gute Anlaufstellen sind auch der Passeig del Born und die Plaça Reial.

Neben den stadtbekannten Clubs gibt es im Sommer am Montjuïc und auf dem Fòrum-Gelände große Openair-Diskos. Meist sind viele schöne Menschen unterwegs, die für ihren Auftritt in der Nacht die passende Garderobe angelegt haben. Locker und leger geht es, wenn überhaupt, nur im Gràcia-Viertel, im Raval und zum Teil im Barri Gòtic zu.

Wer keine Lust auf eine Tapastour, Bars oder Clubs hat, kann auf ein breites kulturelles Angebot zurückgreifen. Im Kino werden meist Filme in Castellano gezeigt, also auf Spanisch; Katalanisch ist selten (bei Theateraufführungen ist es umgekehrt). Filme in Originalversion tragen das Kürzel V. O.

Die ersten Adressen für klassischen Musikgenuss sind das Auditori (C/ Lepant 150, www.auditori.org) und der Palau de la Música Catalana. Ein Highlight für jeden Opernfan ist der Besuch des Gran Teatre del Liceu.

Weitere Informationen

Guia del Ocio ist eine wöchentlich erscheinende Programmvorschau auf Spanisch, die einen fast vollständigen Überblick liefert (www.enbarcelona.com).

Jeden Monat erscheint auf Englisch das Gratismagazin **Barcelona Metropolitan,** das in zahlreichen Geschäften ausliegt (www.barcelona-metropolitan.com)

Nützlich ist auch das alle drei Monate neu in den Touristinfos ausliegende Gratismagazin **What's on** (Spanisch/Englisch).

Angesagter Nachtclub: Otto Zutz (oben). Unten: Von der Eclipse Bar des Hotel W Barcelona blickt man hinab auf den Strand von La Barceloneta.

Landlust, Strandlust

Ist doch viel zu schade, immer nur in der Stadt zu bleiben. Wer genügend Zeit hat, schaut über Barcelonas Tellerrand hinaus und erkundet die Unterwelt des Penedès, wo etliche Hunderttausend Flaschen Cava lagern. Die Bergwelt von Montserrat ist fast magisch; die Häuser, in denen Salvador Dalí gelebt hat, sind es sowieso. Und die Costa Brava hat tolle Strände.

Wer Kurven nicht scheut, wird auf der Küstenstraße von Sant Feliu de Guíxols nach Tossa de Mar mit spektakulären Ausblicken belohnt.

Teile des gotischen Kreuzgangs aus dem 15. Jahrhundert sind im Kloster von Montserrat erhalten.

Wie eine Erscheinung aus einer anderen Welt erhebt sich das Montserrat-Gebirge über den Weingärten des Penedès.

Die Fassade der Basilika Santa Maria, die in den Jahren 1900/1901 vor die ältere Barockfassade gesetzt wurde, zeigt Skulpturen von Jesus und den zwölf Aposteln. Pilger wie Touristen kommen jedoch vor allem, um „La Moreneta", die Schwarze Madonna von Montserrat, in der Altarkapelle zu besuchen.

„Ora et labora": Im Monestir de Montserrat leben bis zum heutigen Tag Benediktinermönche, die hier unter anderem den mit 500 Jahren ältesten Verlag Europas betreiben.

Die mit Reben bestockte Landschaft im Norden von Sant Sadurní d'Anoia sieht aus, als hätte ein riesiger Kamm sie in Form gebracht. Zwischen dem blauen Himmel und dem ockerfarbenen Land ragt in der Ferne ein fahles Etwas auf. Eine Wolkenwand? Gibt es ein Unwetter? Doch dann erkennt man Zacken und Grate, Spitzen und stumpfe Felskegel. Montserrat, der „zersägte Berg", wirkt so fremd- und eigenartig, als gehörte er nicht zu dieser Welt.

Heiliger Berg der Katalanen

Montserrat ist nicht nur ein einzigartiges Schauspiel der Natur, sondern auch der Name einer Art nationaler Kultstätte der Katalanen: eines Benediktinerklosters, das Jahr für Jahr rund zwei Millionen Besucher anlockt. Sie nehmen die Zahnrad- oder Seilbahn, kurven in Autos und Reisebussen um enge Kehren, und natürlich finden Pilger auch steinige Pfade, die steil genug sind, um ihren Glauben daran zu prüfen. Oben angekommen, erwartet sie eine Klosteranlage von den Ausmaßen eines Dorfes, mit Herberge, Restaurants und Souvenirläden, in denen der Kräuterlikör Aromes del Montserrat massenweise zum Verkauf steht. Vor allem jedoch erwartet sie La Moreneta, „die kleine Braune", wie die Marienfigur aus dunklem Holz genannt wird. Seit Jahrhunderten ist die

Madonna das Ziel von Pilgern aus aller Welt. Diese lesen über einem der Torbögen, die zur Basilika führen: *Catalunya serà cristiana o no serà* („Katalonien sei christlich, oder es sei gar nicht"). Das Land und die Kirche, nirgendwo sind sie enger verknüpft als an diesem Ort, dessen Geschichte im 10. Jahrhundert beginnt. Während der dunklen Jahre der Franco-Diktatur behauptete sich das Kloster als Hort des freieren Denkens, was sich schon daran zeigte, dass die Messe im verbotenen „Dialekt" gehalten wurde – auf Katalanisch. Dass irdische Autoritäten die Benediktinermönche wenig beeindruckten, bekam auch Heinrich Himmler zu spüren. Während sich Hitler und Franco

aus Deutschland wie einen gewöhnlichen Besucher durchs Kloster zu führen und dann wieder hinauszukomplimentieren.

Wo der Wein wächst

Der Charme des Penedès, der Weinregion, die sich von der Südflanke des Montserrat bis zur Küste hinzieht, erschließt sich nicht auf den ersten Blick. Was an der recht dichten Besiedlung liegen mag und daran, dass die äußeren Ringe von Vilafranca und Sant Sadurní wenig attraktiv sind. Aber das kennt man ja nicht nur von Spanien. Ist man erst im Ortskern angelangt, fühlt man sich versöhnt. Für Vilafranca wäre ein Samstagvormittag perfekt, denn dann

Das Land und die Kirche sind nirgendwo enger verknüpft.

1940 in Hendaye trafen, begab sich der Reichsinnenminister auf Gralssuche. Es könnte sich, so seine Vermutung, beim Montserrat doch um den Heilsberg „Montsalvat" aus der Parzivaldichtung handeln. Die Benediktiner waren vom Eifer des Hobbyforschers nicht begeistert. Der Abt ließ sich entschuldigen und gab einem Pater den Auftrag, den Mann

ist Markt und in der Altstadt sind überall Stände mit Obst und Gemüse, Kleidern und Küchenkram aufgebaut. Das Land ist fruchtbar und die Bevölkerung bodenständig. Vilafranca war einst sogar Residenzstadt. Die Basílica de Santa Maria gilt als erster gotischer Kirchenbau in Katalonien. Aus derselben Zeit, nämlich dem 13. Jahrhundert, stammen das Klos-

Beliebtestes Fotomotiv in Girona, der „Hauptstadt" der Costa Brava, ist die pittoreske Häuserfront am Fluss Onyar, der die historische Altstadt von den neueren Stadtteilen trennt. Rechts im Bild ragt die Catedral de Santa Maria auf, das Wahrzeichen der Stadt.

Bei einem Bummel durch Gironas Barri Vell fühlt man sich ins Mittelalter versetzt.

Mit dem Teatre-Museu in Figueres hat sich Salvador Dalí seinen eigenen Tempel errichtet.

Das Stadttheater, in dem der Surrealist als 14-Jähriger seine erste Ausstellung hatte, wurde 1939 im Bürgerkrieg zerstört. Anfang der 1970er-Jahre gestaltete Dalí es zum Museum um.

Salvador Dalí

Special

Meister der Provokation

„Ich bin ein höchst theatralischer Maler", sagte Salvador Dalí über sich selbst. Nicht nur in der Kunst, auch als Mensch liebte der 1904 in Figueres geborene Künstler die Selbstinszenierung und Provokation.

In der Nähe von Girona, im kleinen Dorf Púbol, kaufte er seiner Frau und Muse Gala (1894–1982) eine Burg, die auf das 11. Jahrhundert zurückgeht. Da die gebürtige Russin seine „Königin" war, entwarf er ihr auch einen Thron und anderes kurioses Mobiliar. Dennoch musste sich der Meister schriftlich anmelden, wollte er seine Gattin sehen.

Von Dalís Kunst ist in Púbol wenig zu sehen, aber das schmälert den Reiz der Casa-Museu Castell Gala Dalí nicht. In der Garage steht der Cadillac, in dem Galas Leichnam, als sie in Portlligat verstorben war, heimlich nach Púbol gebracht wurde. Sie wurde in der Krypta beigesetzt. Nach dem Tod seiner Muse zog Dalí in die Burg, wo er

Der Maler entwarf auch kurioses Mobiliar.

untätig vor sich hinbrütete und aus Versehen sein Bett in Brand steckte. Seine letzten Lebensjahre verbrachte er in der Torre Galatea, einem Turm seines Museums, in Figueres. Dalí-Fans oder Zweifler kommen wohl nicht umhin, noch einen Abstecher in Richtung französischer Grenze zu unternehmen. Im Teatre-Museu Dalí in Figueres und in seinem Haus in Portlligat bei Cadaqués erhält man weitere Eindrücke vom Leben des Surrealisten.

ter Sant Francesc und der Königspalast, auch *Palau dels Comtes-Reis* genannt, „Palast der Grafen-Könige". Gemeint sind die Könige von Aragón, die über Jahrhunderte in Personalunion auch Grafen von Barcelona waren. In dem Palast verbrachte Pere III. seine letzten Lebensjahre, ehe es 1285 mit ihm zu Ende ging.

Der Penedès ist die größte Weinbauregion Kataloniens. Während Vilafranca das Zentrum des Weines ist, trägt Sant Sadurní d'Anoia den Titel „Hauptstadt des Cava". Hunderttausende Flaschen lagern hier unter der Erde. Wenn man Glück hat, kommt man rechtzeitig zu einem der zahlreichen Dorf- und Stadtfeste wie der Festa Major von Vilafranca. Die Chancen stehen gut, dass man dann die Castellers de Vilafranca zu sehen bekommt. Das Menschenturmbauen ist eine genuin katalanische Sportart – oder sollte man besser sagen: ein Brauchtum? Begonnen hat es im 18. Jahrhundert, richtig populär aber wurde es nach dem Tod Francos. Gibt es ein besseres Symbol für Zusammenhalt und Größe als so einen Turm? Beides ist den Katalanen heilig.

Die Teufel tanzen

Traditionelle Feste feiern auch touristisch voll erschlossene Orte wie das hübsche Sitges. Fünf Tage lang wird hier der Stadtpatron, der heilige Bartholomäus,

Von einer glanzvollen Vergangenheit als Sommerfrische zeugt das Casino dels Nois in Sant Feliu de Guíxols (oben links); darunter die malerische Küste bei Sant Feliu. Über dem Strand von Tossa de Mar erhebt sich die mittelalterliche Festung mit ihren Mauern und Wehrtürmen (oben rechts). Das einstige Fischerdorf Cadaqués (rechts unten) liegt im Naturpark Cap de Creus, schon fast an der französischen Grenze.

in Ehren gehalten. Am letzten Tag verrammeln die Ladeninhaber ihre Türen mit Brettern, junge Männer und Frauen in wilden Kostümen aus Sackleinen eilen durch die Gassen. Sitges, das ist doch das Urlaubsidyll der Gays: schöne Strände, Bars und schicke Menschen. Heute liegt etwas anderes in der Luft. Zu Beginn geht es noch gesittet zu, wenn die *gegants* durch die Menge schreiten. Doch nach den Riesenfiguren und einigen Musikkapellen nähert sich ein Höllenspektakel aus Lärm, sprühenden Funken, Pulverdampf und Chaos. Mit Feuerwerk gespickte Drachenfiguren jagen in die Menge, die kreischend auseinanderfährt. Der *correfoc*, der Feuerlauf, ist ein grotekes Purgatorium.

Vom Mittelalter geprägt

Bis in das späte 19. Jahrhundert hinein war Sitges nicht sehr bedeutend. Aber dann kehrten diejenigen wieder zurück, die einstmals als arme Schlucker in die Neue Welt aufgebrochen und dort reich geworden waren. Die *americanos* ließen sich Villen bauen, die ein wenig so aussahen wie die in Übersee. Der Aufschwung lockte auch Künstler wie Santiago Rusiñol an, der sich ab dem Jahr 1882 aus zwei Fischerhäusern ein herrschaftliches Atelierhaus einrichten ließ. Im Cau Ferrat organisierte er die Fiestas Modernistas, die „Feste des Modernisme".

Girona im Nordosten dagegen ist viel mehr vom Mittelalter geprägt als vom Fin de Siècle. Das wohl am häufigsten fotografierte Motiv sind die bunten Fassaden, mit denen die Altstadt an den Fluss Onyar grenzt. Dahinter verbirgt sich ein Labyrinth aus Gassen, das über die Jahrhunderte gewachsen ist. In den letzten Jahren wurde hier vieles restauriert. Im Schatten der Kathedrale liegt der Call: Mindestens seit dem 10. Jahrhundert lebte in diesem verwinkelten Viertel eine seinerzeit bedeutende jüdische Gemeinde. Im Jahr 1492 mussten sich ihre Mitglieder wie alle „Ungläubigen" taufen lassen oder das Land verlassen – aber nur mit dem, was sie tragen konnten.

KATALONIENS AUTONOMIE

(K)ein eigener Staat?

Katalonien sieht seinen Platz nicht im Verbund der spanischen Regionen. Die Repressionen nach dem Spanischen Erbfolgekrieg und während der Franco-Diktatur sind längst Geschichte. Aber auch heute fühlen sich noch viele Katalanen benachteiligt und wollen die Autonomie. Wann wird es so weit sein?

Regionalpräsident Quim Torra kämpft wie sein Vorgänger Carles Puigdemont für die Unabhängigkeit von Katalonien.

An jedem 11. September feiert sich Katalonien. „La Diada" heißt der Nationalfeiertag, wobei außerhalb der Autonomen Region gern darüber gestritten wird, ob der Begriff Nation überhaupt angebracht ist. Am 11. September 2014 waren rund zwei Millionen Menschen auf den Straßen Barcelonas und bildeten ein riesiges „V", natürlich in den Nationalfarben rot und gelb. Das „V" stand sowohl für „Sieg" *(Victòria)* als auch für „wählen" (votar) und wenn man möchte, auch für den „Katalanischen Weg" *(„Via Catalana")*. Um 17 Uhr 14 fasste man sich feierlich an den Händen: Am 11. September des Jahres 1714 war der Bourbone Philipp V. in Barcelona einmarschiert. Katalonien hatte während des Spanischen Erbfolgekriegs auf der „falschen Seite" gestanden und bis zuletzt gegen den neuen Herrscher in Madrid gekämpft. Der Region wurde nicht nur ihr Recht auf Selbstverwaltung entzogen; der Bourbone ließ auch die Universitäten schließen und verbot jegliche Schriften auf Katalanisch.

Eine ähnlich repressive Phase erlebte Katalonien während der Diktatur Francos. Genau genommen ist der 11. September also kein Datum zum

Feiern. Im Jahr 2012 überraschte Artur Mas, der damalige Präsident der Generalitat de Catalunya, mit der Ankündigung, im Fall seiner Wiederwahl ein Referendum auszurichten. Damals waren sich viele einig, dass der in Umfragen schwächelnde Landesfürst die Flucht nach vorne antreten wollte. Er stellte sich kurzerhand an die Spitze einer Bewegung, die bis dahin gar nicht seine war. Doch Mas blieb seiner Marschrichtung treu – wenn auch getrieben von den sogenannten Katalanisten etwa aus den Reihen der Katalanischen Nationalversammlung (ANC). Trotz des Verbotes aus Madrid und einer Verfassungsklage wurde am 9. November 2014 in Katalonien eine Volksbefragung durchgeführt. Auch wenn das Ergebnis nur symbolischen Charakter hatte, setzte es ein Zeichen: Damals sprachen sich rund

80 Prozent der Wähler für ein unabhängiges Katalonien aus.

2017 eskalierte die Situation. Der damalige Regionalpräsident Carles Puigdemont lässt die Katalanen über ein illegales Unabhängigkeitsreferendum abstimmen. Nach teilweise gewalttätigen Szenen bei der Wahl floh Puigdemont ins Exil nach Brüssel. Ihm und einigen seiner Mitstreiter wird Rebellion und Mißbrauch öffentlicher Gelder vorgeworfen.

Unauflösliche Einheit?

Anders als die Briten und Schotten, die sich auf einen gemeinsamen Ablauf einigten und den Weg für ein Referendum der Schotten im Jahr 2014 frei machten, lehnt die spanische Zentralregierung dies ab und beruft sich dabei auf die Verfassung. Dort heißt es: „Die Verfassung gründet sich auf

Oben: der Palau de la Generalitat an der Plaça Sant Jaume ist Sitz der Autonomen Regierung Kataloniens.

Links: Hunderttausende Katalanen beteiligen sich an einer Menschenkette.

die unauflösliche Einheit der spanischen Nation, gemeinsames und unteilbares Vaterland aller Spanier". Um den Passus zu ändern, müsste in beiden Kammern des spanischen Parlaments jeweils eine Drei-Fünftel-Mehrheit für die Änderung stimmen. Unwahrscheinlich, dass die Mehrheit der spanischen Abgeordneten für die Loslösung Kataloniens stimmt.

Verhärtete Fronten

Ob Katalonien Spanien wirklich verlassen würde, ist ungewiss. Nicht nur, weil ihr Verbleib in der EU gefährdet wäre. Die Katalanen sind beim Thema Unabhängigkeit gespalten. In einer Umfrage von 2017 waren 48,5 Prozent gegen einen Austritt. Das ändert aber nichts daran, dass sich die Mehrheit der Katalanen die Möglichkeit eines Referendums wünscht.

Spaniens Autonome Regionen

Die Rechte der 17 spanischen Regionen ähneln denen der deutschen Bundesländer. Sie werden einzeln in Autonomiestatuten geregelt.

Nach dem Tod Francos und Spaniens Übergang zu einer parlamentarischen Monarchie erhielt Katalonien 1978 die Rechte einer Autonomen Gemeinschaft. Im Jahr 2006 wurde nach heftigen Debatten ein neues Autonomiestatut verabschiedet. Danach darf sich Katalonien als Nation definieren.

Die spanische Regierung hat bislang eine Übereinkunft in der Frage der Unabhängigkeit ausgeschlossen. Katalonien müsse seine Eigenstaatlichkeit einseitig erklären, was nach internationalem Recht wohl möglich ist.

Unklar ist jedoch, ob das Land dann noch Mitglied der Europäischen Union bleiben könnte, oder ob es seine Mitgliedschaft neu beantragen muss.

Kunst und Natur

Nicht nur Barcelona, auch das Umland lässt wenig Wünsche offen. Die Strände von Sitges und der Costa Brava locken Badeurlauber. Die mittelalterliche Altstadt von Girona und die Museen des exzentrischen Salvador Dalí werden sich Kulturreisende nicht entgehen lassen. Auch die Weinregion Penedès und das berühmte Kloster Montserrat sind gute Gründe, eine Tagestour zu unternehmen.

① Sitges

Die Künstler des Fin de Siècle waren die Ersten, die das hübsche Städtchen am Meer für sich entdeckten. Eine malerische Altstadt und dazu fast 5 km lange Sandstrände – kein Wunder, dass es im Sommer eng wird. Sitges ist auch eine Urlaubshochburg der Gays.

SEHENSWERT

Auf einem Felsen im Ortskern erhebt sich malerisch die barocke Pfarrkirche **Sant Bartomeu i Santa Tecla** (urspr. 17. Jh.); von der Aussichtsterrasse hat man einen tollen Ausblick über Strände und Meer. Nur wenige Meter entfernt schuf sich Santiago Rusiñol (1861–1931) aus zwei alten Fischerhäusern das Kunstrefugium **Museu Cau Ferrat** (Davallada 12, http://

Tipp

Outlet-Center

La Roca Village liegt verkehrsgünstig an der Autobahn, hat einen riesigen Parkplatz und statt Einwohnern nur Kunden und Verkäufer. Denn La Roca ist ein Outlet-Center mit rund hundert Shops. Wer es besuchen will und kein eigenes Fahrzeug hat, kann sich vom Shopping-Express ab Passeig de Gràcia 6 in Barcelona für 20 € hin- und wieder zurückbringen lassen.

INFORMATION

Santa Agnès de Malanyanes, an der AP 7, Tel. 93 842 39 39, tgl. 10.00 bis 22.00 Uhr, www.larocavillage.com

Oben: Kirche Sant Bartomeu i Santa Tecla in Sitges. Rechts oben: Abends ist in den Altstadtgassen von Sitges immer etwas los. Rechts unten: Edle Tropfen gedeihen im Penedès.

museusdesitges.cat; März bis Juni/Okt. Di.–So. 10.00–19.00, Juli–Sept. So. bis 20.00, Nov.–Feb. bis 17.00 Uhr; im möblierten Anwesen sind auch Gemälde zu sehen, etwa von El Greco, Picasso sowie von Rusiñol selbst.

UNTERKUNFT

Im charmanten € € € **Hotel Casa Vilella** (Passeig Maritim 21, Tel. 93 524 02 00, www. hotelcasavilella.com) liegt das Meer vor der Haustür.

RESTAURANT

Das wohl beste Restaurant der ganzen Stadt, € € € **Maricel** (Passeig de la Ribera 6, Tel. 93 894 20 54, www.maricel.es), begeistert mit köstlichen Paellas und Fischgerichten.

INFORMATION

Oficina de Turisme, Plaça Eduard Maristany 2, Tel. 93 894 42 51, www.sitgesanytime.com

② Penedès

Etwa 70 km südwestlich von Barcelona liegt der Penedès. Seit Jahrhunderten wird in der Region Wein angebaut. Neben der sanfthügeligen Land-

schaft und den lebendigen Landstädtchen locken Wein- und Cava-Kellereien zum Besuch.

SEHENSWERT

Das Zentrum der Weinregion ist **Vilafranca del Penedès**. Im ehemaligen Palast von König Pere III. aus dem 12. und 13. Jh. informiert das sehenswerte **Vinseum** über die Geschichte des Weinanbaus.

UMGEBUNG

Rund 15 km nördlich und etwa 50 km von Barcelona entfernt liegt **Sant Sadurní d'Anoia**. Rund 70 Cava-Kellereien haben in dem Landstädtchen ihren Sitz. Die Geschichte des Cava, des spanischen Champagners, wird im CIC Fassina (C/ Hospital 23; Di.–Fr. 10.30–16.30, Sa. 11.00–17.00, So. 11.00–12.30 Uhr), dem Centre d'Interpretació del Cava im Gebäude der Touristeninformation erklärt.

UNTERKUNFT

Die sorgsam restaurierte Stadtvilla € € € **Casa Torner i Güell** (C/ Rambla de Sant Francesc 26,

Vilafranca del Penedès, Tel. 93 817 47 55, www.
casatorneriguell.com; 16 Z.) stammt aus dem
19. Jh. Das Haus verfügt über geschmackvoll moderne Zimmer und ein exzellentes Restaurant.
Wer ein familiär geführtes Landhotel bevorzugt, dem sei das unprätentiöse, aber perfekt
in der Cava-Region gelegene € € **Sol i Vi** in Lavern (Carretera von Sant Sadurní d'Anoia nach
Vilafranca del Penedès, km 4, Tel. 93 899 32 04,
www.solivi.com) empfohlen.

RESTAURANTS

Das € € **Cal Ton** (C/ del Casal 8, Vilafranca del
Penedès, Tel. 93 890 37 41, www.restaurantcal
ton.com) in der Nähe des Bahnhofs hat sich
seinen guten Ruf über Jahre erworben. Katalanische Küche, anspruchsvoll-bodenständig.
Das € € **Cal Blay** (C/ Josep Rovira 27, Sant Sadurní d'Anoia, Tel. 93 891 00 32, www.calblay.
com) nutzt die Räumlichkeiten einer Weinkellerei aus dem frühen 20. Jh. für herrliche Speisen. Serviert wird klassisch Katalanisches, aber
auch leckere Steaks.

INFORMATION

Vilafranca del Penedès: C/ Hermenegild
Clascar 2, Tel. 93 818 12 54, www.turisme
vilafranca.com;
Sant Sadurní d'Anoia: C/ Hospital 23, Tel.
93 891 31 88, www.santsadurni.cat/turisme

❸ Montserrat

Eingebettet in einen Felseinschnitt liegt auf
725 m Höhe das bedeutendste Heiligtum der
Katalanen in einer bizarren Berglandschaft.

ANFAHRT

Mit dem Auto nimmt man die A 2 bis zur Ausfahrt 570, Montserrat Manresa. Von Monistrol
aus arbeitet sich eine Zahnradbahn (Cremallera) den Berg hinauf, Pilger können von hier
aus zu Fuß den Aufstieg wagen. Monistrol erreicht man von Barcelona mit der Nahverkehrsbahn (Rodalies). Bequem ist die organisierte Bustour, die vom Tourismusamt in Barcelona angeboten wird (Catalunya Bus Turìstic).

Tipp

Vielstimmig

....

Mit der im 15. Jh. gegründeten Escolania unterhält der Konvent von Montserrat eine der ältesten Musikschulen der
Welt. Die jungen Schüler werden nicht
nur im Gesang und der Musik unterrichtet, sondern auch im sozialen Miteinander. Besucher können die Chorknaben
mittags und bei der Vesper hören.

INFORMATION

Während der Schulzeit meist:
Mo.–Fr. 13.00, 18.45, So. 11.00,
18.45 Uhr; www.escolania.cat

*Im Zentrum der Pilgerverehrung: die Schwarze
Madonna von Montserrat (oben). Rechts: Im
Barri Vell von Girona betreibt Jordi Gombau die
sympathische Bar El Vermutet Can Gombau.*

SEHENSWERT

Rund 50 km westlich von Barcelona erheben
sich die markanten Felsformationen der Muntanya de Montserrat bis auf 1200 m Höhe. Im
Monestir de Montserrat TOPZIEL, das auf
das 10. Jh. zurückgeht, wird „La Moreneta" verehrt, die Schwarze Madonna. In der burgähnlichen Klosteranlage, die bis ins 20. Jh. immer
wieder umgebaut wurde, leben noch rund 70
Benediktinermönche. Neben der Bibliothek ist
das Museum mit Werken u. a. von Dalí, Picasso
oder Sorolla von kunsthistorischer Bedeutung.
Vom Kloster aus lassen sich schöne Wanderungen
unternehmen; dabei können die Funiculars,
die beiden Standseilbahnen, hilfreich sein (www.
cremallerademontserrat.cat).

UNTERKUNFT

Wer länger als einen Tag bleiben möchte, kann
im einfachen Hotel € € **Abat Cisneros** innerhalb des Klosterkomplexes übernachten. Reservierung und Infos, auch zum Kloster, unter
Tel. 93 877 77 01 (www.montserratvisita.com).

❹ Girona

TOPZIEL In der Geschichte der 100 000-Einwohner-Stadt ca. 90 km nördlich von Barcelona spielen Iberer, Römer und die Truppen Karls des
Großen eine Rolle. Die malerische Altstadt
(Barri Vell) von Girona war bis ins Mittelalter ein
Zentrum der spanischen Juden.

SEHENSWERT

Fast alle Sehenswürdigkeiten liegen in der Altstadt, deren Häuserfassaden fotogen über den
Fluss Onyar ragen. Zwei Kirchen bestimmen das
Stadtbild: **Sant Feliu** (11.–18. Jh.) mit dreischiffigem gotischem Bau und die **Catedral** (14. bis
16. Jh.), zu der eine mächtige barocke Freitreppe
(1690) führt. Zum Domschatz gehört der Tapis
de la Creació, der „Schöpfungsteppich", aus
dem 11. Jh. Hinter der Catedral lohnen der Spaziergang auf der einstigen **Wehrmauer** und ein
Bummel durch die Gassen des ehemaligen jüdischen Viertels **El Call**. Über die Geschichte der

Juden informiert das **Museu d'Història dels
Jueus** (C/ Forca 8, www.girona.cat/call; Juli,
Aug. Mo.–Sa. 10.00–20.00, sonst bis 18.00, So.
ganzj. bis 14.00 Uhr). Im Bischofspalast überzeugt das **Museu d'Art** mit Kunstwerken aus
dem 12.–20. Jh. (Pujada de la Catedral 12, www.
museuart.com; Mai–Sept. Di.–Sa. 10.00–19.00,
sonst bis 18.00, So. ganzj. bis 14.00 Uhr). Aus
der Zeit der muslimischen Herrschaft sind die
Banys Àrabs (12. Jh.; C/ Ferran el Catòlic, www.
banysarabs.org; April–Sept. Mo.–Sa. 10.00–19.00,
So. sowie Nov.–Feb. bis 14.00 Uhr) erhalten geblieben, die „arabischen Bäder".

UNTERKUNFT

Das € € **Hotel Peninsular** (Carrer Nou 3 bzw.
Av. Sant Francesc 6, Tel. 97 2 20 38 00, www.ho
telpeninsulargirona.com) liegt nahe der Plaça
de Catalunya. Mitten in der Altstadt befindet
sich die € **Pension Bellmirall** (C/ Bellmirall 3,
Tel. 97 2 20 40 09, www.bellmirall.eu).

RESTAURANTS

€ € € € **El Celler de Can Roca** (Can Sunyer 48, Tel. 97 2 22 21 57, www.cellercanroca.
com; So. und Mo. geschl.) wurde 2013 und
2015 mit drei Michelin-Sternen und als bestes
Restaurant der Welt ausgezeichnet. Kreative
mediterrane Küche wird im Restaurant € € **La
Penyora** (C/ Nou del Teatre 3, Tel. 97 2 21
89 48, www.restaurantlapenyora.com; So.
abend und Di. geschl.) serviert.

UMGEBUNG

In **Púbol** (20 km östl. Girona), **Figueres** (40 km
nördl. Girona) und **Cadaqués** (35 km östl. von
Figueres) hat das Künstlerpaar Salvador und
Gala Dalí gelebt und gearbeitet. Die drei sehenswerten Museumshäuser (www.salvador-
dali.org) sind surreale Gesamtkunstwerke: **Casa-Museu Castell Gala Dalí** (Plaça Gala Dalí,
Púbol-La Pera; Mitte März–Anf. Jan. Di.–So.
10.00–17.00/18.00, Mitte Juni–Mitte Sept. tgl.
bis 20.00 Uhr), **Teatre-Museu Dalí** (Plaça Salvador Dalí 5, Figueres; Juli–Sept. tgl. 9.00 bis
20.00, sonst Di.–So. 9.30/10.30–18.00 Uhr) sowie **Casa-Museu Salvador Dalí** (Portlligat,

*„Ich bin der einzige Künstler, den die
Natur kopiert." (Salvador Dalí)*

Cadaqués; Mitte Febr.–Anf. Jan. Di.–So.
10.30–18.00, Mitte Juni–Mitte Sept. tgl. 9.30 bis
21.00 Uhr).

INFORMATION
Rambla de la Llibertat 1, Tel. 97 2 22 65 75,
www.girona.cat/turisme

⑤ Costa Brava

Der südliche, näher an Barcelona liegende Teil
der Costa Brava zieht sich von Begur bis Blanes. Die felsige „wilde Küste" säumen breitere
Strandabschnitte und kleine Buchten; die land-
schaftliche Schönheit wird allerdings etwas
vom Massentourismus mit der entsprechenden Bebauung getrübt.

SEHENSWERT
In **Sant Feliu de Guíxols** stehen an der Platja
del Monestir die Reste eines Benediktinerklosters. Es beherbergt den **Espai Carmen Thys-
sen** (Plaça Monestir, Tel. 97 2 82 00 51, www.
espaicarmenthyssen.com; Mitte Juli–Mitte Sept.
tgl. 11.00–21.00, Mitte Sept.–Mitte Okt. Mo.–Fr.
10.00–13.00 und 15.00–18.00, Sa./So. 10.00 bis
19.00 Uhr), eine hochkarätige Kunstsammlung.
Vom Glanz des 19. Jh., als die Bourgeoisie Sant
Feliu als Sommerfrische entdeckte, zeugt neben prächtigen Villen auch das **Casino dels
Nois** im neoarabischen Stil am Passeig des
Guíxols. **Tossa de Mar** ist der einzige Ort an
der katalanischen Küste mit einer befestigten
mittelalterlichen Siedlung. Die reizvolle **Vila
Vella** auf einem Hügel im Süden des Ortes um-
gibt eine Stadtmauer (12.–14. Jh.) mit mehreren Wehrtürmen. Dort lohnt ein Besuch des
Museu Municipal (Plaça Pintor Roig i Soler 1,
www.tossademar.com/museu/; Juni–Sept. tgl.
10.00–20.00, Okt.–Mai, Di.–Fr. 10.00–13.30 und
15.00–17.00, Sa./So. 10.00–14.00 Uhr); zu sehen sind Werke von Marc Chagall, André Mas-
son und anderen Künstlern, die hier in den
1930er-Jahren zu Gast waren.

UNTERKUNFT
Im Zentrum von Sant Feliu, etwa 100 m vom
Strand, liegt das **€ € Hotel Plaza** (Plaça del
Mercat 22, Tel. 97 2 32 51 55, www.hotelplaza.
org). Zentral gelegen ist auch das romantische
Jugendstilhotel **€ € € Diana** (Plaza de España 6,
Tel. 97 2 34 18 86, www.hotelesdante.com).
Direkt am Strand von Tossa de Mar findet man
das **€ / € € Hotel Capri** (Passeig del Mar 17,
Tel. 97 2 34 03 58, www.hotelcapritossa.com.

RESTAURANT
In der Fußgängerzone von Tossa de Mar ver-
wöhnt eines der besten Restaurants der Küste,
€ € € La Cuina de Can Simón (C/ Portal 24,
Tel. 97 2 34 12 69), mit familiär-eleganter Atmo-
sphäre.

INFORMATION
Sant Feliu de Guíxols: Passeig del Mar
8–12, Tel. 97 2 82 00 51, www.guixols.cat
Tossa de Mar: Av. del Pelegri 25,
Tel. 97 2 34 01 08, www.infotossa.com

Die Gärten am Meer

DuMont Aktiv

An der südlichen Costa Brava warten
zwei wundervolle Gartenanlagen, die im Geist des
Noucentisme geschaffen wurden. Die katalanische Kulturströmung zu Beginn
des 20. Jh. verband neoklassizistische Ideen wie das wiederentdeckte antike
Schönheitsideal mit einem großbürgerlichen Selbstbewusstsein und war auch
eine Gegenbewegung zum Modernisme.

Die wunderbar mit Blick aufs Meer gelegenen Gärten von Santa
Clotilde schuf der damals knapp dreißigjährige Nicolau Rubió i Tudurí. Der
klare, von der Renaissance inspirierte Aufbau und die typischen Blickachsen
säumen üppige Baumgruppen die mit der sie umgebenden Natur verschmel-
zen. Treppen und Skulpturen schmücken das gestaltete Grün ebenso wie
zahlreiche Wasserelemente.

Einige Kilometer weiter
südlich, in Blanes, erwartet Garten-
freunde der in den 1920er-Jahren von
dem Deutschen Carl Faust angelegte
botanische Garten. Zunächst sollte
er vor allem wissenschaftlichen Zwe-
cken dienen, doch die Anlage ist äs-
thetisch so reizvoll wie ein gestalteter
Park – besonders im unteren, dem
Meer zugewandten Teil, wo schmale
Wege bis an die Steilküste heranfüh-
ren und sich ein kleiner Tempel vor
der wilden Natur und dem Meer so
malerisch ausnimmt, als befände man
sich im ideal gedachten Arkadien.

*Oben und unten: Der untere Teil des zauber-
haften historischen botanischen Gartens Mar i
Murtra in Blanes ist dem Meer zugewandt.*

Weitere Informationen

Jardins de Santa Clotilde: Paratge
de Santa Clotilde, Lloret de Mar; April
bis Sept. tgl. 10.00–20.00, sonst bis
17.00 Uhr; Eintritt 5 €, ermäßigt 2,50 €.
http://lloretdemar.org

Jardí Botànic Mar i Murtra: Passeig de
Carles Faust 9, Blanes; Juni bis Sept. tgl.
9.00–20.00, April, Mai, Okt. bis 18.00, Nov. bis
März bis 17.00 Uhr; Eintritt 6,50 €.
www.marimurtra.cat

Oben: Nur wenige Metropolen der Welt sind so schön gelegen wie Barcelona. Rechts: Boot an Boot reiht sich im Port Olímpic.

Service

Praktische Informationen für die Reise und einiges Wissenswerte über eine der attraktivsten und kosmopolitischsten Städte Spaniens – das politische und wirtschaftliche Zentrum Kataloniens.

Anreise

Flugzeug: Barcelonas Flughafen (Aeroport de Barcelona, BCN, ca. 15 km südwestl. des Stadtgebiets) wird von zahlreichen europäischen Verkehrsflughäfen im Linien- und Charterverkehr angeflogen. Alle 5 Min. verkehren Flughafenbusse (Aerobús) von den Terminals 1 und 2 ins Stadtzentrum zur Plaça d'Espanya und Plaça de Catalunya (Fahrzeit ca. 40 Min., einfach 5,90 €, www.aerobusbcn.com). Züge fahren vom Bahnhof beim Terminal 2 alle 30 Min. ins Stadtzentrum (einfach 4,20 €). Die Taxifahrt ins Zentrum kostet ca. 35 €, mindestens aber 20 €, egal wie kurz die Distanz ist. Billigflieger wie Ryanair steuern die Flughäfen Girona (GRO) und Tarragona-Reus (REU) an; von dort Bus- oder Bahnverkehr nach Barcelona (ca. 90 Min.).
Auto: Für die Anreise mit dem Auto empfiehlt sich die gebührenpflichtige französische Autobahn durch das Rhône-Tal und über Perpignan zum französisch-spanischen Grenzübergang Le Perthus/La Jonquera (Autobahn A9/AP7). Auf der ebenfalls gebührenpflichtigen spanischen Mittelmeerautobahn (AP7) gelangt man über Figueres und Girona nach Barcelona. In Barcelona selbst ist das eigene Fahrzeug eher hinderlich, außerdem muss ein teurer Parkplatz gefunden werden. Wer falsch parkt, muss damit rechnen, dass das Fahrzeug abgeschleppt wird.
Bus: Europabusse verkehren von zahlreichen deutschen Städten nach Barcelona, z. B. von Berlin, Frankfurt/Main, Düsseldorf, Hamburg, Hannover, München und Stuttgart.
Bahn: Bahnreisen ab Deutschland, Österreich oder der Schweiz sind mit mehrmaligem Umsteigen verbunden. Ab Paris Gare de Lyon dauert die Fahrt mit dem Hochgeschwindigkeitszug nach Barcelona 7 Std.

Auskunft

In Deutschland: Spanisches Fremdenverkehrsbüro, Lichtensteinallee 1, 10787 Berlin, Tel. 03 0 8 82 65 43, berlin@tourspain.es; Reuterweg 51-53, D-60323 Frankfurt am Main, Tel. 06 9 72 50 33, frankfurt@tourspain.es; Postfach 15 19 40, D-80051 München, Tel. 08 9 5 30 74-611 und -612, munich@tourspain.es.; alle: www.spain.info.
Katalonien Tourismus, Palmengartenstr. 6, D-60325 Frankfurt am Main, Tel. 06 9 74 22 48 73; http://katalonien-tourismus.de
In Österreich: Walfischgasse 8, A-1010 Wien, Tel. +43 1 5 12 95 80-11, viena@tourspain.es.
In der Schweiz: Seefeldstr. 19, CH-8008 Zürich, Tel. +41 44 2 53 60 50, zurich@tourspain.es.
Internet: www.spain.info (Spanisches Fremdenverkehrsamt); www.catalunya.com (Katalanisches Fremdenverkehrsamt); www.barcelonaturisme.com (Barceloner Fremdenverkehrsamt); www.barcelona.cat (Website des Rathauses von Barcelona mit Informationen zu Verkehrsmitteln, Gastronomie, Shopping etc.).
In Barcelona: Turisme de Barcelona, Tel. 93 285 38 34, Plaça de Catalunya 17 (unterirdisch), tgl. 8.30–21.00 Uhr; Plaça Sant Jaume, C/ Ciutat 2, Mo.–Fr. 8.30–20.00, Sa./So. 9.00–15.00 Uhr; Oficina Catedral, Plaça Nova 5, Mo.–Sa. 9.00–19.00, So. bis 15.00 Uhr. Weitere Büros im Bahnhof Sants sowie in den Flugterminals T1 und T2; www.barcelonaturisme.com.

Feiertage und Feste

Feiertage: 1. Januar *Any Nou* (Neujahr), 6. Januar *Reis Mags* (Dreikönigstag), 1. Mai *Diada del Treball* (Tag der Arbeit), 24. Juni *Sant Joan* (Namenstag des Königs), 15. August *Assumpció* (Maria Himmelfahrt), 11. September *Diada Nacional de Catalunya* (katalanischer Nationalfeiertag), 24. September *La Mercè* (Schutzpatronin Barcelonas), 12. Oktober *Diada de la Hispanitat* (Entdeckung Amerikas, spanischer Nationalfeiertag), 1. November *Tots Sants* (Allerheiligen), 6. Dezember *Dia de la Constitució* (Verfassungstag), 8. Dezember *Immaculada Concepció* (Maria Empfängnis), 25. Dezember *Nadal* (Weihnachten), 26. Dezember *Sant Esteve* (Hl. Stephanus). Bewegliche Feiertage sind Karfreitag, Ostermontag und Pfingstmontag.
Feste: *Cavalcada de Reis* – Umzug der Heiligen Drei Könige am Abend des 5. Januar; feierlicher Reiterumzug durch die Innenstadt mit Musik und Tanz, die Könige werfen Bonbons. *Setmana Santa* – am Palmsonntag wird ein Markt mit Palmzweigen abgehalten (*Fira de Rams*), die anschließende Karwoche (*Setmana Santa*) wird mit Gottesdiensten und feierlichen Umzügen begangen. *Feria de Abril* – riesiges Volksfest der Andalusier mit Flamenco und kulinarischen Spezialitäten beim Fòrum-Gelände (Ende April/Anfang Mai). *Revetlla de Sant Joan* – Sommernachtsfest mit Tanz und Johannisfeuer an verschiedenen Stellen der Stadt sowie einem großen Feuerwerk auf dem Montjuïc (23./24. Juni). *Grec Festival* – vom Institut de Cultura organisiertes Kulturfestival im Hochsommer; Konzerte, Tanztheater etc., vor allem im Teatre Grec auf dem Montjuïc (http://grec.

bcn.cat/). *Festa Major de Gràcia* – beliebtes zehntägiges Straßenfest in Gràcia mit Musik, Tanz, Theater, Cava und Tapas (August). *Festes de la Mercè* – Patronatsfest mit viel Folklore, Musik und Theater, Umzügen, akrobatischen Darstellungen wie den „castellers" (Menschentürmen) sowie Auftritten der „gegants" (Riesenfiguren, Woche um den 24. September; www.barcelona.cat/lamerce).

Gesundheit

Apotheken: Farmàcies sind durch ein grünes Kreuz auf weißem Grund gekennzeichnet und in der Regel Mo.–Fr. 9.30–13.30 sowie 16.30 bis 20.00, Sa. 9.00–12.30 Uhr geöffnet. Welche Apotheke jeweils gerade Notdienst hat, nennt die in jeder Apotheke aushängende Liste *Farmàcies de Guardia*, die auch in den Zeitungen abgedruckt ist.
Krankenversicherung: Versicherte deutscher Krankenkassen haben in Spanien im Krankheitsfall Anspruch auf eine Behandlung. In dringenden Fällen wendet man sich an die Notaufnahme eines Krankenhauses. Wer sich in einer privaten Praxis behandeln lässt, muss vor Ort bezahlen; anschließend reicht man die Rechnung bei seiner Krankenkasse zur Erstattung ein. Es empfiehlt sich der Abschluss einer privaten Auslandskrankenversicherung, da diese im Notfall oft auch die Kosten für einen eventuellen Rücktransport übernimmt.

Hotels / Unterkunft

Eine Auswahl empfohlener Hotels und Pensionen findet sich auf den Infoseiten der einzelnen Kapitel.
Reservierungen: Associació oficial d'Hotels de Barcelona, Tel. +34 902 81 01 30, https://bcninspires.com. Barcelona On-Line, Tel. +34 902 81 01 30, www.barcelona-on-line.es. Oh-Barcelona, Open House Group (Apparte-

ments, Privatunterkünfte), Tel. +34 93 467 37 77, in Deutschland: 030 5 90 02 49 35, www.oh-barcelona.com. CitySiesta (Appartements, Privatzimmer, Reservierung auch auf Deutsch), Tel. +31 76 532 42 58, www.citysiesta.com. Apartments BCN, Tel. +34 93 456 16 19, www.apartmentsbcn.com.
Jugendherbergen/Hostels:
Gràcia: Barcelona Xanascat, Passeig Mare de Déu del Coll 41–51, Tel. +34 93 210 51 51, http://xanascat.gencat.cat
Les Corts: Alberg Pere Tarres, C/ de Numància 149–151, Tel. +34 93 410 23 09, http://xanascat.gencat.cat
Camping: 15 km nordöstl. von Barcelona liegt der angenehme **Càmping Masnou Barcelona** (Carretera N-II, km 633, C/ Camil Fabra 33, El Masnou, Tel. +34 93 555 15 03, www.campingmasnoubarcelona.com). Mit der Regionalbahn FGC (Rodalies) erreicht man in 25 Min. die Plaça Catalunya.

Kinder

Lieblingsziel ganzer Generationen von Kindern war und ist der **Vergnügungspark Tibidabo** (www.tibidabo.cat). Auch zu einem Besuch im **Aquàrium** (www.aquariumbcn.com) muss

Info

Daten & Fakten

Einwohner: 1,62 Mio. Menschen leben im etwa 100 km² großen Stadtgebiet; im gesamten Großraum sind es 5,6 Mio. Damit ist Barcelona nach Madrid das wichtigste Ballungsgebiet in Spanien. Die Bevölkerung ist nur zu rund 60 % katalanisch; die restlichen 40 % sind zugewanderte Spanier aus anderen (meist strukturschwächeren) Provinzen wie Andalusien oder Murcia sowie Ausländer. Letztere stammen vor allem aus Nordafrika, Lateinamerika, Indien und Pakistan.

Verwaltung: Barcelona ist die Hauptstadt der Autonomen Region Katalonien, einer von 17 autonomen Regionen Spaniens. Die Stadt gliedert sich in 10 Distrikte (ausgehend vom Zentrum im Uhrzeigersinn angeordnet): Ciutat Vella, Eixample, Sants-Montjuïc, Les Corts, Sarrià-Sant Gervasi, Gràcia, Horta-Guinardó, Nou Barris, Sant Andreu und Sant Martí. Verwaltungschef der Stadt ist der Bürgermeister *(batlle)*, der jahrzehntelang (1979–2011) von den Sozia-

listen gestellt wurde. Seit Juni 2015 ist die ehemalige Aktivistin Ada Colau von der Bürgerplattform Barcelona en Comú im Amt. Barcelona ist seit dem Jahr 1450 Universitätsstadt (mit heute rund 90 000 Studenten).

Wirtschaft: Der Industriestandort Barcelona, mit Metallindustrie, Textilwirtschaft, Maschinen- und Fahrzeugbau, Hoch-, Tief- und Straßenbau sowie Papierherstellung und Druckereigewerbe, ist der wichtigste in Katalonien und zusammen mit der Hauptstadt Madrid der bedeutendste ganz Spaniens. Weitaus umfangreicher als die Industrie ist der Großhandel (Textilien und Lederwaren, Lebensmittel, Möbel, Hausgeräte, technische Geräte und Transportmittel) sowie der Einzelhandel (Lebensmittel, Textilien und Schuhe, chemische und pharmazeutische Produkte, Möbel, Büroartikel, Presseerzeugnisse). Auch Dienstleister wie Versicherungsgesellschaften oder Kreditinstitute und Verlage (Barcelona ist Spaniens Ver-

lagshauptstadt) spielen eine bedeutende Rolle. Ferner verfügt die katalanische Metropole über den wichtigsten Hafen Spaniens (Handelsplatz sowie Personen- und Fährschifffahrt zu den Balearen) und nach Madrid über den größten Flughafen des Landes (ca. 50 Mio. Passagiere 2016). Auch Katalonien, die wirtschaftlich stärkste Region des Landes, hatte ab 2008 unter den teilweise dramatischen Folgen der internationalen Wirtschafts- und nationalen Immobilienkrise zu leiden. Spanienweit wurde im Jahr 2015 erstmals wieder ein positives Wirtschaftswachstum von 1,2 Prozent erreicht, das bis 2017 auf rund 3 Prozent anstieg. Ab 2020 rechnen die Experten mit einem schwächeren Wachstum um und unter 2 Prozent. Ein großes Problem bleibt die Arbeitslosigkeit. 2019 lag die Erwerbslosenquote landesweit bei 14,7 Prozent und damit, nach Griechenland, auf dem zweitletzten Platz in der EU. In Katalonien lag die Quote mit 11,6 Prozent unter dem Gesamtspaniens.

Ganz oben: Vom Hausberg Montjuïc aus lässt sich der Betrieb im Containerhafen entspannt verfolgen. Darunter: Lobby und Restaurant im Hotel Barcelo Raval.

Typisch Barcelona – Tapas und Cava.

man den Nachwuchs nicht überreden. Eine nette Unterbrechung der Stadtbesichtigung ist eine Hafenrundfahrt mit einer Golondrina (www.lasgolondrinas.com). Für Kinder spannende Museen sind das Naturkundemuseum **Museu Blau** (Pl. Leonardo da Vinci 4, http://museuciencies.cat), das Schokoladenmuseum **Museu de la Xocolata** (C/ Comerç 36, www.museuxocolata.cat) und das Wissenschaftsmuseum **Cosmocaixa** (C/ Isaac Newton 26, www.lacaixa.es/obrasocial).

Selbst aktiv werden kann man beispielsweise im Klettergarten **Bosc Urbà** (www.barcelonaboscurba.com) im Parc del Fòrum.

Fahrräder mieten für eine Tour entlang der Küste in La Barceloneta ist ebenso nett, wie in den **Parc de la Ciutadella** zu radeln, wo es auch Ruderboote gibt.

Immer wieder ein Erlebnis ist eine Gondelbahnfahrt wie zum Beispiel mit dem **Telefèric de Montjuïc** (www.tmb.cat).

Konsultate

Deutsches Generalkonsulat: Torre Mapfre, C/ Marina 16–18, E-08005 Barcelona,

Geschichte

Um 15 v. Chr.: Barcelona wird als römische Kolonie Barcino gegründet.

415 n. Chr.: Die Westgoten erobern Barcelona und machen den Ort vorübergehend zu ihrer Hauptstadt.

716: Die Araber nehmen die Stadt ein.

801: Ludwig der Fromme erobert Barcelona zurück, das nun Hauptstadt der 778 von Karl dem Großen gegründeten Spanischen Mark wird.

878: Guifré el Pilós (Wilfried der Haarige) ruft die Grafschaft Barcelona ins Leben.

985: Almansor, der Großwesir des Kalifen Hischam II., erobert Barcelona. Doch bereits drei Jahre später kann die Stadt ohne fränkische Hilfe von den Arabern befreit werden.

988: Proklamation der Unabhängigkeit der Grafschaft Catalunya.

1137: Ramon Berenguer IV., Graf von Barcelona, begründet durch die Hochzeit mit Petronila de Aragón die katalanisch-aragonesische Union.

13./Anf. 14. Jh.: Aragón erobert Mallorca, Valencia, Sizilien, Menorca und Sardinien.

1289: Das Parlament, die Corts Catalanes, wird gegründet.

1359: Gründung des Consell de Cent (Rat der Hundert).

1391: Ein Pogrom löscht das Judenviertel El Call aus.

1410: Mit dem Tod von König Martí l'Humà (Martin I. von Aragón) endet die Dynastie des Hauses von Barcelona im Königreich Aragón-Katalonien. Dominierend ist nun das aragonesische Haus Trastàmara.

1469: Die Heirat von König Ferdinand von Aragón und Isabella von Kastilien führt zur Vereinigung der beiden bislang rivalisierenden Königreiche.

1492: Christoph Kolumbus erreicht die Küsten Amerikas. Aragón-Katalonien, bis 1778 vom Überseehandel ausgeschlossen, erlebt einen wirtschaftlichen Niedergang.

1640–1652: Die von hohen Steuern geplagte katalanische Bevölkerung erhebt sich in der Guerra dels Segadors mit französischer Unterstützung gegen die Zentralgewalt in Madrid. Der „Krieg der Schnitter", aus dem die Nationalhymne Els Segadors stammt, scheitert jedoch an der Übermacht des kastilischen Militärs.

1701–1714: Im Spanischen Erbfolgekrieg unterstützt Katalonien die österreichischen Habsburger im Kampf gegen die Bourbonen Philipp von Anjou um die spanische Krone.

1714: Am 11. September (heute der katalanische Nationalfeiertag) erobert Philipp von Anjou, nun König Felipe V. von Spanien, Barcelona.

1741: Mit der Eröffnung einer Textilfabrik wird Barcelona die erste Industriestadt Spaniens.

1808: Beim Versuch, das Land unter seine Herrschaft zu bringen, erobert Napoleon Bonaparte Barcelona.

1848: Eröffnung der ersten Bahnlinie Spaniens, von Barcelona ins nördlich gelegene Mataró.

Ab 1859: Nach Plänen des Bauingenieurs Ildefons Cerdà entsteht die Stadterweiterung Eixample.

1888: Erste Weltausstellung, im Parc de la Ciutadella.

1909: Zwangsrekrutierungen für Feldzüge gegen Marokko führen zu gewalttätigen Auseinandersetzungen, der sogenannten Setmana Tràgica („Tragische Woche").

1929: Zweite Weltausstellung, am Fuß des Montjuïc.

1936–1939: Während des Spanischen Bürgerkriegs kämpft Katalonien gegen General Franco.

1937–1939: Barcelona ist Sitz der Volksfrontregierung.

1939: Am 26. Januar wird Barcelona von Francos Truppen eingenommen.

1979: Nach dem Tod von Diktator Francisco Franco (1975) und mit Einführung der Demokratie erhält Katalonien ein Autonomiestatut.

1992: Barcelona ist Austragungsort der XXV. Olympischen Sommerspiele.

2004: Unter Schirmherrschaft der UNESCO findet in Barcelona das Weltforum der Kulturen statt.

2010: Papst Benedikt XVI. weiht die Sagrada Família und erhebt sie zur päpstlichen Basilika.

2011: Nach Erlass des Stierkampfverbots in Katalonien (2010) wird die einstige Arena La Monumental geschlossen. Die zweite Arena Barcelonas, an der Plaça d'Espanya, öffnet 2011 als Shopping Mall.

2014: Bei einer symbolischen Volksbefragung stimmen 80,7 Prozent der Katalanen für eine Unabhängigkeit ihres Landes.

2017: Barcelona ist die meistbesuchte Stadt Spaniens. Im August kommt es zu terroristischen Anschlägen in Barcelona und Cambrils.

2026: Geplantes Bauende der Sagrada Família.

Reisedaten

Flug von Deutschland (inkl. Rückflug): Frankfurt/M. – Barcelona ab 120 €
Inlandsverkehr (Hin- und Rückweg): Zugfahrt Barcelona – Girona ab 20 €
Reisepapiere: Personalausweis oder Reisepass; Kinder benötigen einen eigenen Ausweis.
Devisen: Spanien gehört zur Eurozone.
Mietwagen: Winter: ab 90 € pro Woche, Sommer: ab 140 € pro Woche (inkl. unbegrenzte Kilometer und Versicherung)
Benzin: 1 Liter Super bleifrei ca. 1,40 €
Hotel (DZ mit Frühstück): Luxuskategorie ab 200 €, Mittelklasse ab 100 €
Ferienwohnung: ab 40 € pro Person und Nacht
Menü à la carte: 3 Gänge mit Wein pro Person ab 20 €
Einfaches Essen: Tapas ab 2 €
Ortszeit: MEZ / MSZ

Tel. +34 93 292 10 00, www.barcelona.diplo.de.
Österreichisches Honorargeneralkonsulat: C/ Marià Cubí 7, 1°, 2 a, E-08006 Barcelona, Tel. +34 93 368 60 03, http://www.bmeia.gv.at
Schweizer Generalkonsulat: Gran Via de Carles III 94, 7°, E-08028 Barcelona, Tel. +34 93 409 06 50, www.eda.admin.ch/barcelona

Literatur

Jaume Cabré, Das Schweigen des Sammlers (Insel Taschenbuch, 2013): Der Sohn eines Barceloner Antiquitätenhändlers löst das Rätsel um die Herkunft einer kostbaren Geige, die seinen Vater das Leben gekostet hat.
Eduardo Mendoza, Die Stadt der Wunder (Suhrkamp, 2007): Die Erzählung schildert den Aufstieg eines Jungen aus der Provinz, der mit allerlei unsauberen Mitteln zu Ansehen und Reichtum gelangt.
Mercè Rodoreda, Auf der Plaça del Diamant (Suhrkamp, 2007): Der 1962 erstmals erschiene Roman, der die Autorin weltberühmt machte, erzählt von einer jungen Frau in Barcelona, von ihren Träumen, den Zwängen der gesellschaftlichen Rollenbilder und vom Spanischen Bürgerkrieg.
Manuel Vázquez Montalbán (Wagenbach): In den Krimis von Montalbán löst Detektiv Pepe Carvalho meist in Barcelona knifflige Fälle.
Carlos Ruiz Zafón, Das Labyrinth der Lichter (S. Fischer, 2017): Der jüngste Roman des Bestsellerautors spielt im Barcelona der Franco-Zeit. Der umfangreiche Roman beschließt die Tetralogie, die mit „Der Schatten des Windes" begann. Wieder ist die Buchhandlung Sempere & Söhne im Zentrum des Geschehens.

Notruf

Polizei, Krankenwagen und Feuerwehr: Tel. 112

Öffentlicher Nahverkehr

Barcelona verfügt über ein gutes Netz öffentlicher Verkehrsmittel. Pläne der Metro- und Buslinien sind bei den Touristeninformationen und in allen Metrostationen erhältlich.
Metro: Das Netz der Transports Metropolitans de Barcelona (TMB; www.tmb.cat) besteht aus den Linien L 1–5 sowie den Vorortlinien L 9–11 (Mo.–Do., So., Fei. 5.00–24.00, Fr. 5.00–2.00 Uhr, Sa. durchgehend). Auf einigen Strecken ergänzen Bahnen der Ferrocarrils de la Generalitat de Catalunya (FGC, Katalanische Eisenbahnen, L 6–8; www.fgc.cat) und der spanischen Staatsbahn Renfe (www.renfe.com) die Metro.
Bus: Die meisten Busse verkehren von 4.30 bis 23.00 Uhr; die 17 Nachtbuslinien (NitBus; ca. 23.00–5.00/6.00 Uhr) fahren fast alle von, über oder im Umkreis der Plaça de Catalunya.
Ein Einzelticket für Metro oder Bus (öffentlicher Nahverkehr) für das gesamte Stadtgebiet kostet 2,20 €. Für Stadtbesucher lohnend ist das T-10; das übertragbare 10er-Ticket für Metro, Bus, Straßenbahn und die Nahverkehrslinien von FGC und Renfe kostet für 1 Zone 10,20 €. Das Tagesticket T-Dia kostet für 1 Zone 8,60 €; das Mehrtagesticket Hola BCN! gilt für 2–5 Tage im ganzen Netz und kostet 15,20-35,40 €.
Straßenbahn: Neben der nostalgischen Tramvia Blau gibt es zwei weitere Straßenbahnlinien: von der Plaça de Francesc Macià an der Av. Diagonal in die südwestlichen Vororte sowie von der Vila Olímpica über das Fòrum in den nördlichen Nachbarort Sant Adrià de Besòs.
Taxi: Die etwa 11 000 Taxen sind gelb-schwarz lackiert. Ein freies Taxi (Schrifttafel *lliure* oder *libre* hinter der Windschutzscheibe bzw. grünes Licht auf dem Dach) kann man durch Handzeichen an den Straßenrand winken. Die Bereitstellung des Taxis kostet den Gast mindestens 2,15 €, jeder gefahrene Kilometer ca. 1,10 €. Aufschläge für Flughafen (3,10 €), Hafen oder Bahnhof (2,10 €) sowie Gepäck (1 €) kommen noch dazu.

Öffnungszeiten

Kleinere Geschäfte haben in der Regel Mo. bis Fr. 9.00/10.00–13.00/14.00 und 16.30–20.00 Uhr, samstags oft nur an den Vormittagen geöffnet, Kaufhäuser und Supermärkte meist von etwa 9.00 bis 21.00 Uhr.

Post

Briefmarken bekommt man in Postämtern (*Correos*) und Tabaklläden. Derzeit beträgt das Porto für Postkarten oder Briefe ins europäische Ausland 1,40 €.

Restaurants

Restaurantempfehlungen finden sich auf den Infoseiten 99–101 sowie 113–115.

Preiskategorien

€€€€	Hauptgericht	über 35	€
€€€	Hauptgericht	25–35	€
€€	Hauptgericht	15–25	€
€	Hauptgericht	bis 15	€

Sicherheit

Insbesondere auf den Rambles und in der Altstadt sollte man wenig Bargeld mitführen und Wertsachen direkt am Körper tragen. Größere Geldbeträge deponiert man besser im Hotelsafe. Autofahrer sollten auf der A 7 und AP 7 niemals auf dem Seitenstreifen anhalten, wenn sie von anderen Autofahrern auf vermeintliche Pannen hingewiesen werden, sondern bis zu einem belebten Rastplatz weiterfahren.

Sprache

Offizielle Landessprache in Katalonien ist neben Spanisch bzw. Kastilisch (*español, castellano*) auch Katalanisch (*català*), das neben Spanisch, Galicisch (in Nordwestspanien) und Baskisch (im Baskenland) zu den vier eigenständigen Sprachen Spaniens gehört. In diesem Bildatlas werden in der Regel die katalanischen Eigennamen und Begriffe verwendet.

Stadtführungen

Das Tourismusamt von Barcelona bietet am Wochenende geführte **Walking Tours** zu ver-

Steht auf dem Programm jeder guten Stadtführung: der zum Welterbe der UNESCO zählende Palau de la Música Catalana.

schiedenen Themen an. Die 90- bis 120-minütigen Touren werden auf Katalanisch, Spanisch oder Englisch durchgeführt. Ausgangspunkt ist das Tourismusbüro an der Plaça de Catalunya, wo man sich auch anmelden kann.

Begleitete **Rad- und E-Biketouren** veranstaltet ebenfalls das Tourismusamt. Sie dauern 2–3 Std. und erkunden z. B. die Bauten Gaudís, die Stadtstrände oder den Collserola-Berg. Informationen und Anmeldung im Tourismusbüro oder im Internet (www.barcelonaturisme.com). Weitere Anbieter von Fahrradtouren findet man z. B. unter www.barcelonaciclotour.com.

Besucher können sich auch in **Rikschas** durch die Stadt kutschieren lassen. Die Fahrer erzählen Wissenswertes über die Stadt, meist auf Englisch. (1 Std. für 30 €/Person; www.funky cycle.com).

1,5 oder 2 Std. dauert eine Stadtbesichtigung mit dem **Segway**. Die 2-Std.-Tour startet an der Plaça Sant Jaume. Über den Port Vell und Barceloneta geht es zum Port Olímpic und wieder zurück (ab 45 €; Tel. 93 5 50 48 90, www. barcelonasegwayfun.com).

Vesping Barcelona bietet GPS-geführte oder begleitete Touren mit dem **Vespa-Roller** an (ab 80 €; www.vesping.com).

Ebenfalls von einem Scooter-Motor werden die lustigen **Dreiräder** von GoCar angetrieben, mit denen man einer GPS-Tour folgt. Nähert man sich einer Sehenswürdigkeit, erhält man per Kopfhörer interessante Infos dazu (ab 45 € für 2 Pers.; C/ Freixures 23, Tel. 93 269 17 93, www.gocartours.com).

Telefon

Viele **öffentliche Telefonzellen** funktionieren sowohl mit Münzen als auch mit Telefonkarten (Tabakgeschäft). Für Smartphonebesitzer bestehen Roaming-Verträge mit allen gängigen deutschen Anbietern. Beim Autofahren darf nur via Freisprechanlage telefoniert werden. Die **Vorwahl** nach Deutschland lautet +49, nach Österreich +43, in die Schweiz +41; bei Anrufen in diese Länder entfällt die 0 der Ortskennzahl. Spanien hat die Vorwahl +34. Die Rufnummern sind neunstellig, die Vorwahl des Bezirks oder der Stadt ist in der Nummer enthalten und wird auch bei Ortsgesprächen stets mitgewählt.

Zollbestimmungen

Innerhalb der EU dürfen Waren für den privaten Gebrauch ein- und ausgeführt werden. Eingeschränkte Freimengen gibt es bei Zigaretten (max. 800 Stück), Spirituosen (max. 10 l) und Wein (max. 90 l). Die Freimengen für Bürger der Schweiz sind erheblich geringer.

Info

Wetterdaten

	TAGES-TEMP. MAX.	TAGES-TEMP. MIN.	WASSER-TEMP.	TAGE MIT NIEDER-SCHLAG	SONNEN-STUNDEN PRO TAG
Januar	12°	4°	12°	3	5
Februar	13°	5°	11°	6	6
März	15°	8°	12°	8	6
April	17°	9°	13°	13	7
Mai	20°	11°	16°	4	8
Juni	23°	14°	19°	7	9
Juli	26°	18°	22°	5	10
August	23°	18°	24°	8	9
September	22°	17°	23°	9	7
Oktober	21°	13°	20°	4	6
November	17°	7°	16°	13	5
Dezember	15°	6°	13°	8	5

In einer lauen Sommernacht steigt man der Casa Milà gern aufs Dach: Unten pulsiert die Stadt, und hoch oben wacht der Mond.

Register

Impressum

4. Auflage 2020
© DuMont Reiseverlag, Ostfildern

Verlag: DuMont Reiseverlag, Postfach 3151, 73751 Ostfildern, Tel. 0711/4502-0,
Fax 0711/4502-135, www.dumontreise.de
Geschäftsführer: Dr. Thomas Brinkmann, Dr. Stephanie Mair-Huydts
Programmleitung: Birgit Borowski
Redaktion: Achim Bourmer
Text: Lothar Schmidt
Exklusiv-Fotografie: Frank Heuer
Zusätzliches Bildmaterial: S. 5 o. © Successió Miró/VG Bild-Kunst, Bonn 2019;
14/15: © Fahlström, Öyvind/VG Bild-Kunst, Bonn 2019; 20 l. Lothar Schmidt; 20
r. Design Pics / Look-foto; 21 l.o. Frank Heuer; 21 r.o. Frank Heuer; 32 l. Axiom
/ Look-foto; 32 r. Frank Heuer; 33 l.o. Axiom / Look-foto; 33 r.o. Frank Heuer; 33
r.u. Elan Fleisher / LOOK-foto; 35 l.o. Juergen Richter / Look-foto; 35 r.o. Frank
Heuer; 35 r.u. Frank Heuer; 36 l.o. Frank Heuer; 37 o. Sightjogging Barcelona;
46 o.l. LOOK-foto/age fotostock; 51 AWL/Stefano Politi Markovina; 53 Frank
Heuer; 56 l.o. Frank Heuer; 56 r.o. Frank Heuer; 66 Frank Heuer; 71 r.o. Frank
Heuer; 74/75 + 76 l.o. © Succession Picasso/VG Bild-Kunst, Bonn 2019; 76/77
+ 77 u. © Successió Miró/VG Bild-Kunst, Bonn 2019; 82 l. travelstock44 / LOOK-
foto; 82 r. Frank Heuer; 83 l.o. mauritius images / John Warburton-Lee; 83 r.o.
mauritius images / imageBROKER / A. G. Holesch; 83 r.u. Lothar Schmidt; 85 l.u.
Frank Heuer; 85 l.o. Frank Heuer; 85 r.o. Frank Heuer; 93 (Special) Getty Images/
Europa Press/Kontributor; 96 Frank Heuer; 99 (Tipp) Coquus Barcelona; 99 l. o.
Elan Fleisher / Look-foto; 107 o.l. + u. © Salvador Dalí, Fundació Gala-Salvador
Dalí/VG Bild-Kunst, Bonn 2019; 110 mauritius images/Jordi Boixareu, Alamy, 111
l. picture alliance/dpa/Toni Albir; 111 r. picture alliance/Arco Images/B. Bönsch;
113 r.o. Frank Heuer; 113 r.u. Frank Heuer; 114 l.o. Frank Heuer; 116 o. Getty
Images/marcp_dmoz on Flickr; 118 l.o. Frank Heuer; 119 Frank Heuer.
Grafische Konzeption, Art Direktion: fpm factor product münchen
Cover Gestaltung: Neue Gestaltung, Berlin
Kartografie: © MAIRDUMONT GmbH & Co. KG, Ostfildern
Kartografie Lawall (Karten für „Unsere Favoriten")
DuMont Bildarchiv: Marco-Polo-Straße 1, 73760 Ostfildern, Tel. 0711/45 02-2 66,
Fax 0711/45 02-10 06, bildarchiv@mairdumont.com

Für die Richtigkeit der in diesem DuMont Bildatlas angegebenen Daten –
Adressen, Öffnungszeiten, Telefonnummern usw. – kann der Verlag keine
Garantie übernehmen. Nachdruck, auch auszugsweise, nur mit vorheriger
Genehmigung des Verlages. Erscheinungsweise: monatlich.

Anzeigenvermarktung: MAIRDUMONT MEDIA, Tel. 0711/4502-0,
Fax 0711/4502-1012, media@mairdumont.com, http://media.mairdumont.com
Vertrieb Zeitschriftenhandel: PARTNER Medienservices GmbH, Postfach
810420, 70521 Stuttgart, Tel. 0711/7252-212, Fax 0711/7252-320
Vertrieb Abonnement: Leserservice DuMont Bildatlas,
Zenit Pressevertrieb GmbH, Postfach 810640, 70523 Stuttgart,
Tel. 0711/7252-265, Fax 0711/7252-333,
dumontreise@zenit-presse.de
Vertrieb Buchhandel und Einzelhefte: MAIRDUMONT
GmbH & Co KG, Marco-Polo-Straße 1, 73760 Ostfildern,
Tel. 0711/4502-0, Fax 0711/4502-340
Reproduktionen: PPP Pre Print Partner
GmbH & Co. KG, Köln
Druck und buchbinderische Verarbeitung:
NEEF + STUMME GmbH, Wittingen,
Printed in Germany

Ein Sommertag am Inn mit Blick auf Passaus Wallfahrtskirche Maria Hilf.

Teneriffas spektakuläre Landschaften begreift man erst vom Teide aus so richtig.

Teneriffa

Die westlichen Kanaren
Dieser Band behandelt nicht nur die große Insel Teneriffa, wir stellen auch die kleinen westlichen Kanareninseln La Palma, La Gomera und El Hierro ausführlich vor.

Musik- und Maskentaumel
Karneval in Santa Cruz – alle Infos und viele Bilder zum zweitgrößten Karneval der Welt.

Schlemmen und Staunen
Unser Autor hat für Sie getestet: die besten Restaurants, die ein gutes Essen samt tollem Ausblick bieten.

Bayerischer Wald

Urwüchsige Natur
Im Nationalpark Bayerischer Wald bleibt die Natur komplett sich selbst überlassen. Eine Wanderung durch die Kernzone lässt staunen.

Stadtschönheiten
Wir präsentieren in diesem DuMont Bildatlas gleich zwei „Boomtowns": Regensburg ist beinahe unversehrt seit dem Mittelalter erhalten, und Passau fasziniert nicht zuletzt dank seiner Lage am Zusammenfluss dreier Flüsse.

Wellness im Wald
Die Auswahl an Wellnesshotels im Bayerischen Wald ist groß – die besten Adressen auf einen Blick.

www.dumontreise.de

Lieferbare Ausgaben